애플과 구글이
자동차산업을
지배하는 날

Apple, Google ga Jidoushasangyo wo nottoru hi
by Kenji Momota
Copyright © 2014 by Kenji Momota
Original Japanese edition published by Yousensha Inc.
Korean translation rights arranged with Yousensha Inc.
Through BC Agency., Korea.
Korean translation rights © 2014 by HANSMEDIA

이 책의 한국어판 저작권은 BC 에이전시를 통한 저작권자와의 독점 계약으로 한스미디어에 있습니다.
저작권법에 의해 한국 내에서 보호를 받는 저작물이므로 무단전재와 복제를 금합니다.

애플과 구글이 자동차 산업을 지배하는 날

모모타 겐지 지음 | 김정환 옮김

한스미디어

ICT 기술이 가져올
미래자동차 산업의 혁명적인 변화들

지금 자동차 산업에서는 무슨 일이 일어나고 있는가?

그것은 일본에 어떤 영향을 끼칠 것인가?

또한 우리의 생활을 어떻게 바꿀 것인가?

저자가 머리말에서 던진 3개의 질문이다. 이 질문들에 대한 답이
역사적 맥락과 현재의 스냅샷, 미래의 전망까지 충실히 담겨 있다. 일
본의 산업 지형과 경제에 미칠 영향을 언급했지만, 산업구조와 인구
구성 측면에서 한국은 일본과 지극히 유사하다. 책을 읽으면서 한국
의 상황을 얘기하고 있는 게 아닌가 하는 착각이 수시로 들 정도였다.

20세기 들어 인류의 생활을 이전 세기까지와 다르게 획기적으로
변화시킨 대표적인 산업으로 자동차와 전자를 든다. 그 두 산업이
21세기에 들어 급속하게 융합하고 있다. 자동차라는 물리적으로 한
정된 공간의 기기 속에서뿐만 아니라 이동생활 전반에 걸쳐 거대한
변화의 태풍이 몰아치고 있다. 그 변화의 시작과 키워드를 정보통신

과 정보공학으로 잡은 것은 지극히 당연하다. 핵심을 뽑는 것과 그것을 이해할 수 있도록 전달하는 것은 사실 다른 차원이다. 이 책의 미덕은 정보통신과 정보공학으로부터 촉발되어 벌어질 미래 자동차 산업의 변화를 망라하면서도 초점이 흐려지지 않고, 무엇보다 자동차 업체 및 정부의 목소리를 전달하며 현장의 문제점을 경과와 함께 지적해준다는 것이다. 저자가 레이서 출신의 저널리스트로 독자의 눈높이에 서 있기에 가능했던 게 아닌가 싶다.

미래에 벌어질 일을 예측할 때 전제조건들을 함께 고려한다. 그러나 공간이 한정되다 보니 책에서는 언급을 못 하는 경우가 많다. 언급한다고 하더라도 독자들에게 그 세세한 사항은 전달되지 못하고, 무조건 그렇게 된다고 예언을 한 양 수용되곤 한다. 감수를 하며 용어들을 바로잡는 데 우선적인 노력을 기울였다. 일본과 한국의 용어가 다른 경우가 있고, 자동차 산업에서만 특수하게 쓰이는 말들이 있어서 그런 것들에 대해 독자들이 이해하기 쉬운 방향으로 나름대로 수정을 해 본문에 반영했다. 내용적인 측면에서 독자들의 더욱 깊은 이해를 위해 이 '감수의 글'에 본문에 나온 몇몇 부분들에 관해 배경 및 함의에 대한 설명을 덧붙이고자 한다.

자동운전 '차' vs 자율주행 '시스템'

운전자의 개입을 최소화하며 스스로 작동하고 목적지를 찾아가는 차車에 대해 쓰는 용어는 아직 확립되어 있지 않다. 이 책에서도

'자동운전' '오토파일럿(시스템)' '자동주행 시스템' '자율주행' 등의 용어가 특별한 구분 없이 쓰이고 있다. 영어로도 'driverless' 'self-driving' 'autonomous driving' 등 여러 가지로 표현되고 있다.

시기상 이 책에 기재되지는 못했지만 2014년 5월 구글은 주행장치인 핸들과 속도를 조절하는 브레이크·액셀 페달 없이 온·오프 스위치만 설치된 획기적인 콘셉트의 자동차를 선보여 화제를 몰고 왔다. 시각장애를 가지고 있거나 운동 능력이 떨어지는 노령자 등 자동차를 조작할 수 없는 이동성Mobility 약자들을 배려했고, 갑작스럽게 자동차 조작을 하려는 것이 더 위험하므로 아예 개입을 원천봉쇄하는 것이 한층 안전하다는 구글 측의 설명이 먹혀들었지만, 우려의 목소리가 자동차 업계 및 보험 등 방계의 다양한 부문과 운전자들에게서 더욱 크게 나왔다. 결국 현재 자율주행에서 가장 개방적이고 앞서간다고 하는 미국 캘리포니아 주의 차량관리국DMV: Department of Motor Vehicle이 9월 16일부터 발효되는 법규에서 필요시 운전자가 공공도로에서 차량을 "즉각 물리적으로 제어할 수 있어야 한다"고 명시했다.

구글과 자동차 업계의 차이점은 바로 위의 소제목과 같다. 구글이 자동으로 운전되는 '차'를 만드는 것에 주력했다면, 자동차 업계는 자동운전이 되는 차뿐 아니라 그것을 가능케 하는 전반 '시스템'을 만들어가려 노력하고 있다. 새로운 기술이 시스템과 그를 둘러싼 환경의 변화를 이끌어나가는 경우가 많다. 인터넷이 출현하면서 새로운 형태의 상거래가 나오고, 관련 법규가 뒤를 따르게 되는 식이다.

인터넷 상거래는 당사자들끼리 규정도 없이 시작할 수 있다. 혹시 피해를 본다 해도 직접적으로는 그들 사이에서만 일어나기 때문이다. 자동차는 다른 이들의 생명을 직접적으로 위협할 수 있다. 자동운전 기능을 갖춘 독립된 차 한 대로 해결될 문제가 아닌 것이다. 운전, 넓게는 자동차, 더 나아가서는 우리의 이동생활이란 것을 개인이나 독립된 차 한 대에서 우리 사회 내에서의 이동 시스템을 함께 고려하며 이 책을 읽는다면 책의 내용을 이해하고 독자 나름의 관점을 세우는 데 도움이 될 것이다.

일본과 한국의 유사점과 차이점

자동차 산업은 급격히 변화하고 있는데, 일본 정부는 예전의 자동차를 생각하여 중후장대형 산업의 속도로 계획을 세우고 접근하고 있다고 저자는 우려한다. 그렇지만 '수소사회'라는 비전을 제시하며 자동차 업계를 포함해 에너지, 건설 등 다양한 부문을 연계하여 로드맵을 제시하고 독려하는 일본 정부의 모습은 새로운 산업을 위한 정부의 역할이 무엇인지 인상적으로 보여준다. 시대적 환경에 맞춰 자연스럽게 기업가들이 나타나고 자본주의가 뿌리를 내린 미국을 비롯한 서구 국가들에 비해 일본과 한국은 전후의 복구 과정에서 정부의 역할이 컸다. 일본보다 더욱 압축된 성장가도를 달려온 한국에서 정부의 비중은 더욱 절대적이었다. ICT를 필두로 한 이종사업과의 융합 가속화, 수입차의 증가로 한국 내 자동차 산업의 경쟁 지형이 달라지면서 정부의 역할과 자동차 업체 및 민간 연구기관, 학교 등과의 관계 및 역할을 우리도 새롭게 정립해야 한다.

　2000년대 초까지 일본은 TV를 비롯한 소비자 가전기기의 절대 강자였다. 디지털 시대가 열리면서 일본 가전 업계는 쇠퇴하기 시작했다. 부품 부문에서의 경쟁력도 동반하여 떨어졌다. 일본을 밀어내고 한국 기업이 약진했다. 그러나 근래 소프트 콘텐츠가 뒷받침되지 않는 경쟁력의 한계가 보이는 듯하다. 하드웨어 기기 판매에 의한 수익은 일회성인 데 반해 소프트 콘텐츠는 지속적인 수익을 창출할 뿐 아니라 스스로 번식하여 더 큰 생태계를 형성하기도 한다. 이 책에도 나오지만 일본인들이 서구인보다 자동차 내비게이터를 많이 구입해 사용하는 편이다. 저자에 따르면 일본인들은 위치를 파악하고 경로를 따질 때 '지도를 시각화'하기 때문이라고 한다. 숫자로 된 번지수나 거리명을 따지는 것이 아니라 지형적 특성이나 특징적인 건물 등에 우선 의존하기 때문에 내비게이터를 쓴다고 한다. 한국인들도 비슷하다. 그런데 지도화 기술의 발전은 양국 모두에서 뒤처진 편이다. 지도라는 핵심 소프트 콘텐츠 없이 내비게이터 기기만으로 올리는 수익은 바로 한계가 온다.

　자동차가 스마트화된다고 하더라도 IT 부문에서처럼 순식간에 지형을 바꾸어버리지는 않을 것이라는 게 일반적 전망이다. 그런 전망이 사실 일본 전자 업계 영광의 나날들을 앗아갔다. 자동차 부문에서 소프트 경쟁력이 좌우하는 시대를 한국과 일본 양국 모두 준비해야 한다. 이 책이 촉구하는 핵심 메시지 중의 하나인데, 한국에서도 같은 울림으로 경각심을 불러일으키기 바란다.

이동성 서비스라는 더 넓은 세계로

애플이 PC와 스마트폰 시대를 열고, 구글이 새로운 검색의 방법을 제시하면서부터 컴퓨터를 이용하는 우리의 생활과 방식은 혁명적인 변화를 겪고 있다. 컴퓨터라는 기본이 되는 하드웨어가 다양한 형태로 나타났고, 컴퓨터를 이용한 사업 기회가 창출되고 새로운 활용 방식이 나타나면서 스스로 생명력을 가진 비즈니스 생태계가 조성되었다. '컴퓨터 월드Computer World'라는 말을 보고 아무도 모니터와 하드로 이루어진 것들만 가리킨다고 생각하지 않을 것이다. 자동차에서도 비슷한 일이 일어나고 있다.

자동차 산업이라고 했을 때, 자동차라는 물리적 기기만을 지칭하던 시대는 지났다. 자동차를 이용하는 근본적인 이동성에 대한 욕구로부터 그것이 현대의 ICT 기술과 융합되면서 어떤 혁명적인 변화들을 몰고 오는지 봐야 한다. 그런 측면에서 이 책은 운전, 넓게는 자동차, 더 나아가서는 우리의 이동생활으로 가는 흐름을 파악하는 길잡이 역할을 충실히 할 것이다.

한국자동차산업연구소 미래연구실장
박재항

지금 자동차 산업에서는
무슨 일이 일어나고 있는가?

"자동차 산업은 지금 100년이 넘는 역사에서 가장 중대한 전환기를 맞이하고 있습니다."

오랫동안 세계의 자동차 산업을 견인해온 미국 제너럴모터스의 한 간부는 국제가전박람회인 CES 2014에서 강한 어조로 이와 같이 말했다.

다임러와 벤츠가 자동차 양산을 시작한 지 128년. 자동차 산업은 현재 커다란 전환기에 직면했다. 그들의 앞에 나타난 상대는 애플, 구글, 마이크로소프트, 인텔 같은 IT 분야의 대기업이다. 그들의 무기인 스마트폰과 클라우드가 자동차에 거대한 영향력을 끼치기 시작했다. 이것은 비단 차량 탑재 OS와 카 내비게이션, 인터넷 라디오 같은 차내 장비만의 이야기가 아니다. 엔진과 서스펜션의 제어, 나아가서는 자동차의 제조에서 판매까지 자동차 산업의 모든 요소가 IT 산업의 지배를 받게 될지도 모르는 상황이다. 그런데 이런 중대한 국면을 맞이하고 있음에도 일본의 자동차 산업계는 천하태평이다. 위기감이 없어도 너무 없다.

　제2차 아베 정권의 출범 이후 그때까지 1달러에 70엔대 후반에서 90엔대였던 환율이 엔화 약세로 돌아서 단숨에 100엔을 돌파한 덕분에 표면적으로 일본 자동차 업계의 실적이 상승한 것은 사실이다. 해외시장의 경우, 리먼 쇼크로 침체되었던 경기의 회복세가 뚜렷해진 미국에서 일본의 고급차와 스포츠카 등 부가가치가 높은 자동차가 팔리기 시작했고, 중국 시장에서도 2012년의 센카쿠 열도(댜오위댜오) 문제에서 비롯되었던 일본 자동차 불매 운동의 영향이 약해지면서 판매량이 회복되기 시작했다. 그 결과 도요타가 2년 연속으로 자동차 판매 대수 세계 1위를 차지할 것이 확실해졌다. 또 일본 자동차 업계의 새로운 강점으로 '자동운전'이 주목을 받으면서 '역시 일본의 자동차 산업은 강하다'라는 이미지가 확산되고 있다.

　그렇다면 일본 자동차 산업의 미래는 과연 낙관적일까? 현실은 그렇지 않다. 비즈니스의 측면에서나 기술의 측면에서나 일본을 포함한 자동차 산업계의 앞날은 불투명하다. 사실 자동차 산업이 생각하는 자동운전은 2014년 1월의 시점에서 이미 시대에 뒤떨어진 발상이다. 구미의 IT 대기업이 노리는 자동운전의 패권은 지도 데이터를 기반으로 한 쌍방향 정보통신이며 새로운 도시 교통 비즈니스다. 일본은 2020년경까지 고속도로에서 간이적인 자동운전을 실현한다는 목표를 세웠지만, 구미의 IT 대기업은 그보다 몇 년 일찍 다른 차원의 자동운전을 상용화할 것이다.

또한 2010년대 초반부터 미국과 유럽, 러시아, 중국이 위성 위치측정의 패권을 놓고 격돌하는 가운데 자동차는 스마트폰을 가진 보행자와 같은 급의 지상 이동물체 중 하나가 되었다. 국가 안보를 위한 존재라는 매우 강한 위성 위치측정 분야에서 일본 기업이 활약할 수 있는 영역은 한정적이다.

그리고 자동차 산업의 가장 큰 과제는 인재의 확보이다. 20세기에 세계의 산업계를 선도했던 자동차 분야의 우수한 인재가 구미의 IT 대기업으로 유출되고 있다. 기업 이미지에서도 자동차 제조회사는 IT 기업에 밀리고 있다. 상품이라는 측면에서, 그리고 기업의 인기라는 측면에서 선진국을 중심으로 전 세계 젊은이들의 '자동차 이탈'이 진행되고 있다. 그리고 이런 흐름과 동시에 IT 기업의 약진이 젊은이들의 기업가정신을 눈뜨게 했다. 특히 2000년대 후반에 아이폰과 안드로이드 단말기가 등장하면서 애플리케이션(앱)을 사용한 새로운 비즈니스의 영역이 탄생했으며, 이런 가운데 미국에서는 자동차 산업계의 상식을 뒤엎은 새로운 운송 사업이 급속히 확대되고 있다.

필자는 레이싱 드라이버로 활동하다 저널리스트로 변신해 30년 이상 세계의 자동차 산업을 지근거리에서 지켜봤다. 그리고 지금 필자 자신도 자동차 산업이 직면한, 100년이 넘는 역사에 가장 큰 규모의 거대한 물결을 강하게 느끼고 있다.

지금 자동차 산업에서는 무슨 일이 일어나고 있는가?

그것은 일본에 어떤 영향을 끼칠 것인가?

또한 우리의 생활을 어떻게 바꿀 것인가?

이와 같은 다양한 시점에서 IT 산업과 자동차 산업의 관계를 분석하고자 한다. 여기에서 가장 중요한 키워드는 '차세대 텔레매틱스'다. 지금 화제가 되고 있는 자동운전은 그 일부에 불과하다.

모모타 겐지

5장 일본의 자동차 산업은 살아남을 수 있을 것인가

1장

자동차 산업을 덮친 '텔레매틱스'의 충격

T E L E M A T I C S

IT 거인들의 참가로 격변하는 자동차 산업

현재 차세대 자동차와 관련해 전 세계의 자동차 업계가 '자동운전' 이상으로 주목하는 단어가 있다. 바로 '텔레매틱스Telematics'다. 이것은 정보통신Telecommunication과 정보공학Informatics의 융합을 의미하는 조어로, 자동차 분야에서는 카 내비게이션 등의 차량 탑재 기기와 스마트폰 등의 통신 단말기를 연계시켜 실시간으로 다양한 정보와 서비스를 제공하는 시스템 전반을 가리킨다. 텔레매틱스를 통해 차량 탑재 기기에서 교통 정보나 날씨, 뉴스 같은 정보를 실시간으로 얻거나 음악 또는 동영상 등을 즐길 수 있으며, 음성인식을 통한 자동운전, 엔진과 서스펜션의 제어나 다이어그노시스Diagnosis(차량 자기 진단장치) 등의 안전·보안 서비스를 이용할 수 있다. 자동차와 인터넷이 융합해 스마트폰 같은 자동차가 된다고 생각하면 이해가 쉬울 것이다.

텔레매틱스라는 개념은 약 20년 전부터 자동차 관련 학회나 콘퍼런스(회의)에서 사용되기 시작했다. 다만 일본에서는 이 영역을 ITS_{Intelligent Transport System}(고도 도로교통 시스템)라고 부를 때가 많다. ITS에서는 도로 인프라와 자동차가 정보를 전달하는 '도로-차량 간 통신' 또는 차간 거리 유지나 자동운전과 관련된 '차량-차량 간 통신'을 중시해왔다. 도로-차량 간 통신의 경우는 자동 요금수수 시스템인 ETC(한국의 하이패스-옮긴이)와 교통 정보 시스템인 VICS_{Vehicle Information and Communication System}(도로교통 정보통신 시스템), 그리고 혼다_{Honda Motor Co., Ltd.}의 '인터내비' 등 GPS로 수집한 각 차량의 위치 정보를 클라우드에서 해석하는 프로브_{Probe} 정보(자동차가 실제로 주행한 위치나 속도 등의 정보를 이용해 생성한 도로교통 정보—옮긴이)가 발달해왔다. 또 '충돌하지 않는 자동차'라는 캐치 카피로 친숙한 스바루_{Sbaru}의 '아이사이트'처럼 스테레오 카메라(대상물을 여러 방향에서 동시에 촬영해 3차원적인 정보를 얻을 수 있는 카메라—옮긴이) 등을 이용해 차량 외부에서 정보를 수집하는 기술은 자동운전을 포함한 '차량-차량 간 통신'으로 이어진다.

최근까지 세계의 자동차 산업계는 이와 같은 차량 탑재 기기를 중심으로 한 통신 시스템을 자동차의 본래 기능을 보조하는 역할로만 인식했다. 그런데 2007년에 애플_{Apple Inc.}의 아이폰, 2008년에 구글_{Google}의 안드로이드 단말기가 등장하고 클라우드 서비스가 발달하자 자동차가 정보통신 단말기를 매개체로 외부와 상시 접속하는 것이 당연한 일이 되었다. 이것을 '커넥티드카Connected Car'라고 부른다. 다만 이때까지도 정보통신 분야에서 자동차가 지닌 경이적인 잠재력을 깨달은 사람은 그리 많지 않았는데, 최근 2~3년 사이에 상황이 급변했다. 애플과 구글, 마이크로소프트Microsoft Corporation, 인텔Intel 등 IT 업계의 거인들이 본격적으로 자동차 산업에 뛰어들며 자동차 산업의 미래를 좌우하는 주역이 되려 하고 있다. 이것은 명백히 텔레매틱스의 기존 영역을 뛰어넘는 움직임이다. 이 책에서는 이것을 '차세대 텔레매틱스'라고 부르기로 하겠다.

차세대 텔레매틱스를 이해하는 데 중요한 큰 영역이 둘 있다. 첫째는 인포테인먼트Infotainment다. 이것은 정보Information와 오락Entertainment의 융합을 가리킨다. 또는 차내에서의 활용을 강조해 IVIIn-Vehicle Infotainment(차량 탑재 정보통신 시스템)라고도 부른다. 둘째는 카 센트릭Car-Centric 또는 비히클 센트릭Vehicle-Centric이라고 부르는 영역으로 차체, 엔진, 트랜스미션, 서스펜션, 브레이크 등 자동차 본래의 운동 특성과 관련된 것이다.

이 두 영역 가운데 IT 업계가 잇달아 뛰어든 인포테인먼트 분야에서 커다란 변화가 일어나고 있다. 그 무대는 미국의 실리콘밸리다. 미국과 일본, 유럽의 자동차 제조회사, 부품 제조회사, 통신 인프라 기업, 반도체 회사 등이 치열한 정보 전쟁과 기술 개발 경쟁을 펼치고 있는데, 2012년 무렵부터 북아메리카 시장에서 디트로이트 3(GM, 포드, 크라이슬러)가 그 성과를 양산품으로 구현하기 시작했다.

자동차 산업의 거점은 디트로이트에서 실리콘밸리로

지금 실리콘밸리에서는 자동차와 관련된 새로운 비즈니스에 대한 정보 수집이 활발히 진행되고 있다. 2000년대 중반 이후 독일의 자동차 제조회사가 먼저 움직이기 시작했고, 2010년대에 들어서자 미국과 한국 그리고 일본의 자동차 제조회사가 잇달아 실리콘밸리 사무소의 강화에 나섰다. 자동차와 IT 산업의 융합이 가속되고 있기 때문이다.

그런 가운데 실리콘밸리에 거점을 둔 자동차 제조회사와 전기기기 회사, 통신 인프라 관련 회사, 벤처캐피털(벤처기업에 투자하는 기업 또는 투자가) 등이 2012년에 설립된 오토테크 카운슬Autotech Council에서 정보 교환을 시작했다. 이 단체는 전자·전기기기와 통신 분야의 정보를 자유롭게 교환하는 장소로 활용되고 있는 텔레콤 카운슬Telecom Council에서 파생했다. 2014년 1월 현재의 멤버는 혼다와 도요타Toyota Motor Corporation, 닛산Nissan Motor Corporation, 르노Renault S.A., 폭스바겐Volkswagen, 현대Hyundai Motor Company, 덴소Denso Corporation, 파나소닉Panasonic Corporation, 알파인Alpine Electronics, Inc., 클라리온Clarion Co., Ltd., 하만Harman International Industries, Incorporated, 노키아Nokia Oyj, 엔비디아Nvidia Corporation, 퀄컴Qualcomm, 텍사스 인스트루먼트Texas Instruments, QNX 등이며, 앞으로 BMW와 크라이슬러Chrysler LLC 등도 참가할 예정이다.

지금까지 자동차 산업은 대규모 기업이 주도하는 성숙한 비즈니스 영역이어서 신규 참가의 기회가 제한적이었다. 그런 탓에 업계 내의 정보 교환도 디트로이트와 제네바, 베이징·상하이, 프랑크푸르트, 파리, 도쿄 등의 모터쇼나 각국의 자동차 기술 관련 콘퍼런스 자리에서 중장기적 시야로 진행돼왔다. 그런데 스마트폰과 클라우드의 극적인 보급으로 애플과 구글 등 IT 대기업은 물론 IT 계열의 벤처기업까지 자동차 산업에 뛰어들 수 있는 환경이 조성되었고, 이런 움직임을 투자 기회로 파악한 벤처캐피털도 같이 움직이기 시작했다.

중후장대重厚長大 산업이라는 인상이 강한 자동차 산업은 투자 효과를 얻으려면 5년, 10년 단위의 기간이 필요한 까닭에 얼마 전까지만 해도 벤처캐피털이 개입하는 일이 드물었다. 그러나 2000년대 후반부터 전기자동차EV: Electric Vehicle 등에 사용하는 파워트레인(엔진에서 발생한 회전 에너지를 효율적으로 구동 바퀴에 전달하기 위한 장치의 총칭—옮긴이)의 전동화電動化와 리튬이온 2차전지의 개발, 소재 분야에서 자동차용 탄소섬유 강화 플라스틱의 양산, 그리고 차량 탑재 기기와 통신 단말기의 연계가 급속히 발전함에 따라 벤처캐피털도 물밑에서 준비를 진행해왔다. 그리고 뒤에서 이야기하듯이 2013년에 포드Ford Motor Company의 '앱링크AppLink'와 애플의 'iOS in the Car' 등 자동차 기술의 중추에서 IT 기업이 주도권을 쥐는 움직임이 표면화되자 애플리케이션 개발자 등 투자액이 비교적 적고 제품 사이클이 빠르며 기업공개IPO까지 걸리는 기간이 짧은 비즈니스 모델의 가능성이 확대되었다. 또

카 셰어링(필요한 기간만큼만 자동차를 빌려서 사용하는 제도―옮긴이) 등 자동차 내부의 기술이 아니라 자동차 이용의 편리성을 높이는 운송 분야의 비즈니스에서도 다양한 아이디어가 구현되기 시작했다.

벤처캐피털과 자동차 제조회사 모두 이런 '조만간 크게 꽃을 피울 것 같은 싹'을 찾고자 눈에 불을 켜고 있다. 미국에서 벤처기업을 의미하는 스타트업Startup을 발굴해 투자가를 모집하는 스타트업 액셀러레이터Startup Accelerator 비즈니스의 경우도 자동차 산업에 관심을 높이고 있다. 또 많은 자동차 제조회사와 IT 기업이 단시간에 창출해낸 창업 아이디어를 겨루는 해커톤Hackathon(Hack와 Marathon의 융합) 대회를 자체적으로 주최하고 있다.

이런 실리콘밸리 움직임의 가장 큰 특징은 '크게 꽃을 피울 것 같은 싹'에 자금을 아낌없이 투입한다는 것이다. 일본의 10배, 20배 수준이 아니라 세 자릿수 이상 차이가 나는 투자를 일상적으로 실시한다. 물론 여기에는 투자가들의 엄격한 잣대가 있어서 그 잣대를 만족시키려는 벤처기업의 기업가정신(앙트레프레너십Entrepreneurship)과 적절한 균형을 이루고 있다.

앞에서 소개한 오토테크 카운슬은 원칙적으로 비공개다. 그러나 필자는 주최 관련자로부터 특별히 허락을 받고 모임 전의 조찬회에 참가해 관계자들과 의견을 교환했는데, 한국계 벤처캐피털 관계자가 이런 말을 했다.

"저희는 차량 탑재 기기와 통신 단말기의 연계 등 자동차 산업의 새로운 분야에서 벌어지고 있는 IT 기업의 주도권 싸움이 2015년, 늦어도 2016년에는 결정될 것으로 예상하고 있습니다.”

자동차 제조회사는 이처럼 자동차 산업계와 생각의 관점이 전혀 다른 IT 기업을 상대하기 위해 업계의 상식을 깨는 빠른 경영 판단을 내려야 하는 상황이 되었다.

자동차 산업의 최첨단 거점은 디트로이트에서 실리콘밸리로 넘어 갔다.

안드로이드를 앞세워 자동차 산업에 뛰어든 구글

2014년 1월 6일, 세계를 떠들썩하게 한 놀라운 소식이 알려졌다. 구글이 휴대 단말기용 OS ‘안드로이드’를 차량 탑재 기기에 이식하기 위한 컨소시엄을 설립한 것이다. ‘OAAOpen Automotive Alliance’라는 명칭의 이 컨소시엄에 참가를 표명한 기업은 구글 외에 자동차 제조회사인 제너럴모터스GM와 아우디Audi AG, 혼다, 현대 그리고 반도체 제조회사인 미국의 엔비디아다.

OAA의 활동은 구체적으로 두 단계다. 제1단계는 안드로이드 단말기아 차량 탑재 기기의 여계성을 높이는 것이고, 제2단계는 차량 탑재 기기를 안드로이드로 작동시키는 것이다. 자동차와 관련된 구글의 움직임으로는 '구글 카_{Google Car}'라고 부르는 자동운전 실험차가 유명하지만, 자동차 업계로서는 차량 탑재 기기의 표준화와 연관이 있는 OAA가 자동운전보다 훨씬 커다란 충격이었다.

그런데 OAA의 설립에 관한 합동 기자회견은 열리지 않았다. 각 회사가 따로 언론 보도자료를 배포했을 뿐이었다. 또 이날은 마침 국제가전박람회 CES_{Consuner Electronics Show}(미국 네바다 주 라스베이거스)의 보도진 공개일 첫날이었다. 아니, 정확히는 그것을 알고 이날을 선택했다고 할 수 있다. 그래서 세계 각국의 언론은 CES에서 기자회견이 예정되어 있는 GM과 아우디 그리고 엔비디아가 OAA에 관해 자세히 설명해줄 것으로 기대했다. 그런데 GM과 엔비디아는 기자회견에서 OAA에 관해 전혀 언급하지 않았고, 유일하게 아우디만이 "구글과는 2004년부터 카 내비게이션을 통해 제휴해왔다. 안드로이드는 세계 휴대전화 시장에서 80퍼센트에 이르는 점유율을 자랑한다. 그런 상황을 생각하면 우리 회사가 OAA에 참가하는 것은 자연스러운 흐름이다. 또 OAA가 우리 회사와 애플의 신뢰를 손상시키는 일은 없을 것이다. 우리는 이미 차량 탑재 기기와 아이폰, 아이팟, 아이패드 등의 연계를 진행하고 있다"(기술 총괄책임자)라고 설명했을 뿐이다.

한편 아우디의 기자회견장에는 엔비디아의 창업자이자 CEO인 젠슨 황_{Jen Hsun Huang}이 제일 앞줄에 앉아 있었다. 기자회견이 시작되기 직전에 필자는 그에게 "귀사가 (인텔과 도요타가 주도하는 컨소시엄인)

애플과 구글이 자동차 산업을 지배하는 날

AGL_{Automotive Grade Linux}에 참여하고 있으면서 OAA에도 참여하는 의도는 무엇입니까?"라고 직접 물었다. 그러자 그는 "그건 아주 간단합니다. 각 자동차 제조회사는 (텔레매틱스에 관해) 독자적인 생각이 있습니다. 우리 회사는 그에 맞춰 폭넓게 대응할 생각입니다. 그럼으로써 (우리 회사와 자동차 제조회사 모두) 양산 효과를 기대할 수 있습니다"라고 대답했다.

AGL에 관해서는 뒤에서 자세히 설명하기로 하고, 최근의 자동차 산업계에는 인포테인먼트 분야와 관련된 다양한 컨소시엄이 있다. 이들은 수면 밑에서 복잡하게 얽혀 있는데, 이런 상황 속에서 자동차 제조회사들이 가장 촉각을 곤두세워 온 것은 'iOS in the Car'이다. 이번에 구글이 설립한 OAA는 명백히 이 'iOS in the Car'에 대한 대항책이다. 실제로 2014년 1월의 CES 이후 실리콘밸리를 취재했을 때 복수의 업계 관계자가 "2년 전까지만 해도 구글은 차량 탑재 기기 사업에 직접 개입할 의사가 없었습니다. 그런데 2013년 6월의 그 발표 영향으로 갑자기 방향을 선회했지요"라고 내게 귀띔해줬다.

'iOS in the Car'로 빠르게 움직이는 애플

2013년 6월 10일, 샌프란시스코. 애플은 자사의 연례행사인

WWDC$_{\text{The Apple Worldwide Developers Conference}}$(애플 세계개발자회의)에서 'iOS 7'을 세계 최초로 공개했다. 그리고 그 프레젠테이션의 후반에 2014년 도입 예정인 'iOS in the Car'를 소개했다(이후 정식 명칭은 'CarPlay'로 결정되었다─옮긴이). 이것은 아이폰에 음성을 입력하면 애플의 음성인식 시스템인 '시리$_{\text{Siri}}$'가 그것을 인식해 차량 탑재 기기의 모니터에 iOS 전용 화면을 띄우는 기술이다. 이를 통해 운전자는 핸들을 잡은 채로 전화나 카 내비게이션, 음악, 아이메시지$_{\text{iMessage}}$(애플의 iOS와 OS X 사용자를 대상으로 한 문자메시지 서비스─옮긴이)를 사용할 수 있다.

현재 'iOS in the Car'를 채용하기로 결정한 곳은 메르세데스-벤츠$_{\text{Mercedes-Benz}}$와 페라리$_{\text{Ferrari S.p.A.}}$, 혼다, 아큐라$_{\text{Acura}}$(혼다의 고급 승용차 브랜드─옮긴이), 닛산, 인피니티$_{\text{Infiniti}}$(닛산의 고급 승용차 브랜드─옮긴이), 쉐보레$_{\text{Chevrolet}}$ 외에 독일의 GM 계열 자동차 회사인 오펠$_{\text{Adam Opel AG}}$과 한국의 현대·기아자동차, 중국 자본의 스웨덴 기업인 볼보$_{\text{AB Volvo}}$, 그리고 인도 자본의 영국 기업인 재규어$_{\text{Jaguar Cars}}$까지 12개 브랜드다. 이 가운데 쉐보레와 혼다, 아큐라는 2013년에 '시리 아이즈 프리$_{\text{Siri Eyes Free}}$'를 채용했다. 이것은 차내에서 '시리'를 쉽게 사용할 수 있도록 차량 탑재 기기와 연계시킨 것인데, 애플은 'iOS in the Car'에서 이것을 한 단계 진화시켜 차량 탑재 기기에 독자적인 인터페이스 화면을 설정했다. 혼다 측의 기술 교섭창구인 혼다 실리콘밸리 연구소$_{\text{Honda Silicon Valley Lab}}$의 관계자는 "시리 아이즈 프리의 경우는 애플이 완성시킨 제품을 그대로 도입했지만, 'iOS in the Car'의 경우는 개발 초기 단계부터 애플과

애플과 구글이 자동차 산업을 지배하는 날

애플은 2013년 6월에 열린 연례 개발자 이벤트 WWDC에서 'iOS in the car'를 발표했다.

의논하며 함께 만들어왔습니다"라고 말했다. 아이폰이 세계적으로 보급된 현실을 생각하면 'iOS in the Car'를 채용하는 자동차 제조회사는 앞으로 더욱 늘어날 것이 틀림없다.

OAA는 애플의 이러한 움직임에 대한 구글의 대항책이다. 그러나 구글과 공동 개발한 경험이 있는 IT 업계의 관계자는 "사실 구글은 서두를 이유가 없습니다"라고 전제한 다음 아이폰과 안드로이드의 개발 이념의 차이를 다음과 같이 설명했다.

"아이폰은 하나의 애플리케이션이 기록한 데이터를 동시에 가동 중인 다른 애플리케이션이 읽지 못합니다. 이것은 데이터가 부주의하게 클라우드상에 올라가는 것을 방지하기 위한 보안 대책이지요. 한편 안드로이드 단말기는 애플리케이션이 기록한 데이터를 스마트폰 외부로 내보낼 수 있습니다. 그 일례가 안드로이드 단말기의 화면을 그대로 차량 탑재 기기의 모니터에 표시하는 미러링크MirrorLink입니다."

이처럼 안드로이드와 iOS는 설계 사상이 다르다. 그런데 차량 탑재 기기와 연동하는 'iOS in the Car'에는 안드로이드에 가까운 사상이 채용되었다. 즉 'iOS in the Car'는 애플 자신이 아이폰의 외부로 데이터를 내보내기 위해 만든 시스템인 것이다. 구글로서는 이미 채용하고 있는 수법이므로 굳이 서둘러서 'iOS in the Car'에 대항할 필요가 없다. 또 안드로이드의 기본 바탕은 무료 OS인 리눅스Linux이며, 이미 인피니티 등이 리눅스를 차량 탑재 기기의 OS로 채용하고 있다. 그러므로 안드로이드를 차량 탑재 기기의 OS로 만드는 것은 이론상 얼마든지 가능하다. 이것이 OAA의 실태다.

한편 현시점에서 애플의 iOS로 직접 차량 탑재 기기를 구동한 사례는 없다. 그러나 'iOS in the Car'의 전체 구상에서는 당연히 그 영역도 검토되고 있을 것이다. 그런 애플의 움직임을 보고 iOS와는 애초에 설계 사상이 다른 안드로이드를 보유한 구글이 굳이 OAA의 발족을 서두른 것이다. 또한 구글은 자동차 기술과 IT의 융합과 관련해 전혀 다른 무대에서 애플을 앞서나가려 하고 있다. 그것은 바로 자동차 운전 기술에서 없어서는 안 될 지도 정보의 완전 제패와 독자적인 위치 정보 해석 기법이다.

구글이 자동운전 기술을 개발하는 진짜 의도

구글의 자동운전 실험차인 구글 카의 동향에 전 세계가 주목하고 있다. 구글의 자가운전 자동차 부문 안전 담당 디렉터인 론 메드포드Ron Medford는 2013년 10월 도쿄에서 열린 ITS 세계회의에 참석하기 위해 일본을 찾아왔을 때 했던 NHK와의 인터뷰에서 "구글 카를 4년 안에 실용화할 계획입니다"라고 말했다.

그런데 이 실용화란 대체 무엇을 의미할까? 미국에서는 '자동운전 전용 지도 정보를 자동차 제조회사에 직접 판매한다' '테슬라Tesla Motors, Inc.와 자동운전 기술을 협업한다' '구글이 전기자동차 제조회사를 매수한다' 등의 소문이 난무하고 있다. 그러나 구글은 자동운전의 양산화에 대한 로드맵을 밝히지 않고 있으며, 장래의 비즈니스 모델에 관해서는 "법 규제의 동향을 주시하며 다양한 비즈니스의 가능성을 검토 중입니다"(메드포드)라고만 말할 뿐 확언을 피하고 있다. 메드포드는 2013년 1월에 현직에 갓 취임한 인물로, 그전에는 미국 도로교통 행정의 요체인 운수부 고속도로 교통안전국 부국장이었다.

그런데 왜 구글이 자동차 관련 기술의 개발에 직접적으로 관여하는 것일까? 그 배경에는 미 국방부 산하의 첨단기술 조사연구기관인 DARPA(방위고등연구계획국)이 주최하는 무인 자율주행 자동차 경주대회가 있다. 제1회 대회는 2004년에 캘리포니아 주 북부의 사막 지대에서 열린 'DARPA 그랜드 챌린지Grand Challenge'였는데, 이때는 완주한 자동차가 단 한 대도 없었다. 그러나 이듬해에 열린 제2회 대회에서는 스탠퍼드대학과 카네기멜론대학의 팀 등 5대가 완주했다. 그리고 2007년에 열린 'DARPA 어번 챌린지Urban Chanllenge'는 로스앤젤레스 교외의 구 공군 기지에 만든 가상 시가지를 달리는 대회였는데, 6개 팀이 완주했다. 구글은 이 대회에 참가한 자동운전 연구자를 전원 고용했다.

그리고 2009년부터 도요타의 제2세대 '프리우스Prius'를 개조한 차량으로 실험을 시작했다. 이어서 2012년부터는 법적으로 자동운전 주행을 허용하는 네바다 주의 공공도로에서 실험을 시작했고, 2013년 1월부터는 캘리포니아 주의 공공도로에서 실험을 진행하고 있다. 실험 차량은 적어도 20여 대이며, 개조에 사용된 차량으로는 프리우스 이외에 렉서스Lexus(도요타의 고급 승용차 브랜드—옮긴이)의 SUV인 'RX'가 있다. 지금까지의 주행거리는 40만 마일(약 64만 킬로미터)이 넘는다. 현재 미국에서는 네바다 주와 캘리포니아 주 외에 플로리다 주와 뉴욕 주, 뉴저지 주, 매사추세츠 주, 워싱턴 주, 미네소타 주, 미시간 주, 위스콘신 주, 사우스캐롤라이나 주에서 자동운전 시행을 위한 법 정비가 협의되고 있다.

구글 카의 겉모습에서 눈길을 끄는 것은 차체의 루프 위에 달린 1분에 300~900회전을 하는 기묘한 장치다. 이것은 미국 벨로다인

구글 카는 스탠퍼드대학의 세바스천 스런 교수가 펠로(기술고문)를 맡았으며, 구글 글래스 등도 개발하는 차세대 기술 개발을 맡고 있는 '구글X'에서 실험이 계속되고 있다.

Velodyne Inc.의 '라이다Lidar'로, 음파 기술을 응용해 자차의 주위 360도의 3D 지도를 만든다. 측정 가능 거리는 건물과 자동차 같은 물체의 경우 자차로부터 120미터, 노면 상황의 경우 50미터다. 그 밖에도 차체 앞뒤에 밀리파 레이더, 차내에 단안 렌즈 카메라를 장비해 외부의 정보를 수집한다.

구글이 공개한 정보에 따르면 자동운전의 기본은 네 가지 데이터를 덧씌우는 것이다. 먼저 GPSGlobal Positioning System(범지구 위치측정 시스템)로 대략적인 위치를 측정한다. 다음에는 구글 지도와 구글 어스를 바탕으로 화상 처리 소프트웨어인 피카사Picasa를 융합시켜 지도 데이터의 기본 바탕을 만든다. 그리고 그 위에 교통 표식과 신호등, 노면의 표시 같은 인프라 정보를 입력한 데이터를 씌우며, 그런 다음 구글 카로 수집한 3D 지도를 덧씌운다.

여기에서 주목해야 할 점은 GPS의 정밀도를 높이기 위한 노력을 하지 않았다는 것이다. 일반적으로 GPS의 정밀도는 수 미터 정도다. 또 중산간지에서는 수목이 위성의 전파를 가로막기 때문에 수십 미터까지 오차가 생기는데, 구글은 이것을 "그다지 신경 쓰지 않는다"고 말한다. 그 위에 세 가지 데이터를 덧씌우면 위치 정밀도가 높아지기 때문이다.

또 자동운전 실증실험이 현재 어느 정도 진척되었는지 알아내고자 2014년 1월에 네바다 주의 자동차관리국DMV을 취재한 필자는 놀라운 사실을 알게 되었다. 구글 카가 더는 네바다 주를 달리고 있지 않았던 것이다. 필자가 2013년 후반에 집필한 기사도 그렇고, 일본에서는 구글 카가 2012년에 네바다 주가 발행한 자동운전차 전용 번호판을 달고 공공도로를 주행하기 시작했으며 지금도 계속 네바다 주의 도로를 달리고 있다고 보도해왔다. 그런데 DMV에 따르면 구글은 1년 단위로 갱신해야 하는 자동운전 실증실험의 허가증을 갱신하지 않았다고 한다. DMV의 담당자도 "왜 구글만이 허가증을 갱신하지 않았는지 그 이유를 도무지 모르겠습니다"라고 말했다. 구글과 마찬가지로 2012년에 자동운전 실증실험의 허가서를 신청했던 폭스바겐(아우디 포함)과 독일의 자동차 부품 제조회사인 콘티넨탈Continental AG은 2년차 갱신을 신청했다.

애초에 네바다 주에서 자동운전 실증실험을 하겠다고 말을 꺼낸 쪽은 구글이었다. 이것을 네바다 주지사가 강력히 지원해 조기 실현을 이루어냈다. 그럼에도 구글 카는 공식적으로 아무런 이유도 공표하지 않은 채 네바다 주를 떠났다. 그리고 구글 본사가 자리하고 있으며 비즈니스 기회가 많은 캘리포니아 주가 구글 카의 주요 주행 지역이 되었다.

자동차 산업계의 눈에는 구글의 이와 같은 행보가 사업 방침이 허술하다든가 단순히 즉흥적인 발상으로 비칠지도 모른다. 그러나 1990년대 중반에 창업해 급속히 거대해진 IT 산업의 총아에게 네바다의 사례는 흔한 일 중 하나에 불과할 것이다. 또 어디까지나 실리콘밸리에서 나도는 소문이기는 하지만, "구글 카 개발의 종착점은 '우버Uber'가 아닐까?"라는 이야기가 있다. 우버는 스마트폰 애플리케이션을 통해 일종의 콜택시 배차 서비스를 하는 벤처기업으로, 구글 그룹에서 벤처캐피털 사업을 담당하는 '구글 벤처'가 2013년 8월에 2억 2800만 달러를 투자했다. 그런 까닭에 '최종적으로는 구글이 우버를 완전히 매수해 세계 각지에서 자동운전 택시 사업을 전개하지 않을까?' 하는 것이다. 그리고 이 소문의 실현성을 뒷받침하는 영상이 2014년의 CES에서 공개되었다. 아우디의 기조강연 초반부에 나온 영상인데, 고급 전세 자동차의 자동 배차를 익살스럽게 묘사한 것이 있다.

앞에서도 말했듯이 아우디는 구글이 설립한 OAA에 참가했다.

2010년대에 들어와 아우디는 차세대 텔레매틱스에 매우 적극적인 자세를 보이고 있다. 여기에 우버가 연관되는 것은 매우 현실적인 종착점으로 생각할 수 있다.

디트로이트 3의 반격

"이 정도일 줄이야!"

일본을 비롯해 세계의 자동차 산업계가 깜짝 놀랐다.

GM과 포드, 크라이슬러는 오랫동안 '빅3'라는 명칭으로 불려왔다. 그러나 2008년의 리먼 쇼크로 GM과 크라이슬러가 파산하고 포드가 만성적인 적자 체질을 벗어나지 못하자 미국의 언론은 세계 시장에서 3사의 영향력이 떨어졌다며 지역적인 이미지를 강조해 '디트로이트 3'라고 부르기 시작했다. 그런데 연방정부의 자금 지원과 대폭적인 구조조정으로 사업 기반을 재건하고, 나아가 리먼 쇼크로 위축되었던 서민의 자동차 구매 심리가 되살아나면서 미국 국내의 자동차 판매량이 회복되기 시작했다. 이에 디트로이트 3는 그 여세를 몰아 유럽과 일본의 자동차 산업계에 재도전하기 위한 비책을 실행에 옮겼다. 바로 차량 탑재 기기를 위한 독자적인 애플리케이션 서비스다.

애플과 구글이 자동차 산업을 지배하는 날

2014년의 CES에서 포드는 차량 탑재 기기용 OS인 싱크의 애플리케이션용 플랫폼 '앱링크'를 제공하는 차량의 수를 340만 대 이상으로 확대하겠다고 발표했다.

가장 먼저 움직인 곳은 포드다. 포드는 마이크로소프트와 공동 개발한 차량 탑재 기기용 OS 싱크(SYNC)의 애플리케이션용 플랫폼인 '앱링크'를 2012년 1월의 CES에서 공개했다. 애플리케이션 개발은 제삼자(서드파티)가 하며, 개발자가 부담해야 하는 로열티는 없다. SDK(소프트웨어 개발 키트)가 웹상에 공개되어 있어 개인도 애플리케이션을 개발할 수 있고, 개발자는 포드로부터 하드웨어(차량 탑재 기기)를 대여받을 수 있다.

'앱링크'는 2013년의 CES에서 정식으로 서비스가 시작되었다. 애플리케이션의 수는 2014년 1월 현재 60개 정도로, 〈월스트리트저널〉

이나 〈USA투데이〉를 읽어주는 식의 음성 애플리케이션이 대부분이다. 이런 애플리케이션은 무료로 사용자에게 제공되며, 개발자의 주된 수입원은 음성 광고다. 또 동영상이나 게임은 운전에 지장을 초래하기에 아직 채용되지 않고 있지만, 앞으로는 차량이 정지했을 때만 이용할 수 있다거나 후방 좌석 전용 애플리케이션일 경우는 채용하는 방안이 검토되고 있다.

'앱링크'의 개발 책임자는 "앱링크로 포드가 얻는 직접적인 이익은 없습니다. 이 서비스를 계기로 신차 판매량을 늘리는 것이 가장 큰 목적입니다"라고 말했다. 실제로 포드의 조사에 따르면 포드 신차 구매자 중 무려 70퍼센트가 "싱크가 탑재되어 있어서 포드의 자동차를 선택했다"라고 대답했다고 한다.

한편 GM은 2013년의 CES에서 차량 탑재 기기용 API Application Programming Interface를 지원하는 SDK를 공개했다. 이쪽은 HTML5를 사용하며, GM 쉐보레의 '마이링크MyLink'나 GM 캐딜락의 'CUE Cadillac User Experience'에서 채용하고 있다. 사용하는 차량 탑재 기기는 미국의 델파이Delphi Automotive PLC와 독일의 보쉬Bosch Group, 그리고 일본의 전기기기 제조회사들이 제공한다. 파나소닉의 관계자는 "API가 공통이므로 각 회사의 유닛은 당연히 공유가 가능합니다. 하지만 솔직히 말하면 실제로 운용해보지 않는 이상 동작에 어떤 문제점이 있을지 알 수 없습니다"라고 귀띔해줬다.

한편 GM은 2014년 1월의 CES에서 애플리케이션 서비스인 '앱숍

APPSHOP'을 발표했다. 인터넷 라디오인 'i하트라디오iHeartRadio' 등 11개 애플리케이션을 준비할 예정이며, 2014년 여름에는 전용 SDK를 사용해 제삼자가 개발한 애플리케이션의 다운로드 서비스도 시작할 계획이다. 그리고 이와 동시에 미국의 정보통신 대기업인 AT&T와 손잡고 차량 탑재 기기용 LTE 서비스를 개시해 애플리케이션의 빠른 다운로드를 꾀하고 있다. 또한 차내에 와이파이Wi-Fi 환경을 갖추어 스마트폰과 태블릿을 동시에 최대 7개까지 사용할 수 있도록 했다. '앱숍'의 개발 책임자는 "전용 애플리케이션 개발자에게는 로열티가 발생할 수 있습니다. 사용자에게도 애플리케이션에 따라서는 유료로 제공할 가능성이 높습니다"라고 설명했다.

크라이슬러도 두 라이벌을 추격하고 있다. 크라이슬러의 선행상품기획 부문 관계자는 "우리 회사는 최신형 차량 탑재 기기와 관련해 아하 바이 하만Aha by Harman과 계약을 맺었습니다. 그래서 하만과 협력해 포드나 GM처럼 제삼자가 개발한 애플리케이션을 제공하는 서비스를 개발 중이며, 최대한 빨리 시장에 투입하려 합니다"라고 말했다. '아하 바이 하만'은 미국의 대형 카오디오 제조회사인 하만이 제공하는 차량 탑재 기기용 웹 콘텐츠의 클라우드 플랫폼이다.

디트로이트 3가 이와 같은 반격을 개시하게 된 계기는 크게 두 가지다. 첫째는 AT&T와 버라이즌 와이어리스Verizon Wireless 같은 통신 기업이 저가 통신비 패키지 누선을 채택함에 따라 2010년경부터 미국 국내에서 아이폰과 안드로이드 단말기 등의 스마트폰이 급격히 보급되었다는 점이다. 둘째는 이에 따라 스마트폰을 통해 '판도라Pandora'와 'i하트라디오' 같은 음악 전송 서비스나 인터넷 라디오를 차량 탑재 기기에서 무료로 들을 수 있게 되었다는 점을 들 수 있다. 또 2013년 에 고속 데이터 통신 서비스인 LTE를 미국 전역에서 사용할 수 있게 된 영향도 크다.

미국과 마찬가지로 일본에서도 LTE의 보급이 진행되고 있다. 그러 나 차량 탑재 기기를 대상으로 한 음악 전송 서비스는 일본 음악 업 계의 강력한 저항으로 실현되지 못하고 있다. 판도라 사 간부의 이야 기를 들어보면 "일본의 대형 상사와 함께 5년여에 걸쳐 JASRAC(일본 음악저작권협회)와 협의를 진행하고 있지만 지지부진한 상태입니다. 그 래서 일본에서는 당분간 서비스를 하지 않을 방침입니다"라고 하는 데, 이런 실정을 바꾸기는 쉽지 않다.

여기에 카 내비게이션의 경우는 디트로이트 3의 전략이 일본 자동 차 제조회사보다 뒤늦었던 것도 컸다. 이에 대해서는 뒤에서 자세히 설명하겠다.

포드와 GM의 이러한 움직임에 대해 일본의 자동차 산업계는 아 직 적극적인 움직임을 보이지 않고 있다. AGL과 OAA, iOS in the Car 등 인포테인먼트 계열의 텔레매틱스 관련 컨소시엄이 난립하는 상황 속에서 "지금은 과도기이므로 조금 더 상황을 지켜보는 것이 바람직하다"(일본 자동차 제조회사의 실리콘밸리 연구기관 관계자)는 목소리 가 힘을 얻고 있기 때문이다. 그런데 이런 상황을 역이용해 독자적인 차세대 텔레매틱스 전략을 추진하는 곳이 있다. 바로 마쓰다Mazda Motor Corporation이다. 마쓰다는 2013년 후반에 소형차 악셀라AXELA에 도입한 '마쓰다 커넥트Mazda Connect'의 애플리케이션용 SDK를 미국의 벤처기업인 오픈카OpenCar, Inc.와 공동 개발했다. 각종 OS에도 대응 가능한 유연성을 갖춤으로써 다른 자동차 제조회사도 끌어들여 마쓰다식 세계 표준화를 노린다는 계획이다. 마쓰다의 기술 부문을 총괄하는 임원은 이러한 대담한 발상을 결정한 데 대해 다음과 같이 말했다.

"지금은 자동차 산업의 커다란 전환기입니다. 지금이라면 마쓰다가 애플(과 같은 존재)이 될 수 있을지도 모릅니다. 그래서 실패해도 상관없으니까 과감하게 시도하라고 오케이 사인을 냈습니다."

인텔의 참가로 격화되는 차량 탑재 OS의 패권 쟁탈전

2012년경부터 세계의 반도체 대기업들은 '자동차는 앞으로 돈이 될 비즈니스'라는 경영 판단을 내리기 시작했다.

인텔은 2012년 3월에 '커넥티드카의 기술 혁신을 목표로 제품 개발과 연구에 투자하겠다'라는 언론 보도자료를 배포했다. 그 내용을 살펴보면, 먼저 독일의 카를스루에Karlsruhe에 오토모티브 이노베이션 및 제품개발센터Automotive Innovation and Product Development Center를 신설하고 텔레매틱스 관련 연구개발과 학술 지원 프로그램에 투자하며 자동차 관련 사업과의 연계를 강화한다. 또 인텔 연구소의 상호작용 및 경험 연구Interaction and Experience Research 부문에서 자동차 분야의 연구를 확충하며, 그 밖에 인텔 캐피털이 자동차 기술 혁신에 특화한 1억 달러 규모의 커넥티드카 기금을 설립한다는 것이다.

지금까지 인텔의 역사에서 이렇게까지 자동차 산업에 힘을 쏟은 적은 한 번도 없었다. 인텔의 관계자는 인텔이 이렇게 자동차 산업에 투자하는 이유를 다음과 같이 설명했다.

"현재 일본의 르네사스 일렉트로닉스Renesas Electronics Corporation가 차량 탑재 기기용 CPU 시장의 약 절반을 차지하고 있지만, 르네사스가 공급하는 32비트 등의 마이크로컴퓨터는 비교적 가격이 저렴합니다. 그런데 IVE(차량 탑재 정보통신기기) 등 인포테인먼트를 중심으로 한 텔레매틱스용 CPU가 등장하면서 고가의 반도체가 차량에 탑재되는 시대가 찾아왔습니다. 앞으로 완전 자동운전이 단계적으로 양산화되는 과정에서 우리 회사의 제품을 자동차 제조회사와 자동차 부품 제조회사에 공급할 수 있게 될 것입니다. 그러면 소프트웨어의 통합화Integration 서비스도 아울러 제공할 수 있습니다."

이런 상황 속에서 인텔은 차량 탑재 기기용 OS로 '타이젠 IVITizen IVI'를 보급하기 위해 적극적으로 움직이고 있다. 이것은 리눅스 커널을 사용한 오픈소스 OS로, 인포테인먼트 계열의 텔레매틱스 컨소시엄인 'AGL'의 이념을 구현한 것이다. 타이젠은 삼성전자와 NTT 도코모

NTT DoCoMo, 인텔 등이 공동으로 진행하고 있는 스마트폰, 노트북 컴퓨터 등을 위한 OS다. 타이젠 IVI는 그 타이젠의 차량 탑재 기기 버전으로, 자동차의 동력과 서스펜션 등의 차량 탑재 마이크로컴퓨터를 연동시키는 CAN_{Controller Area Network}과의 연계가 우수하다는 특징이 있다.

또 AGL과 같은 영역에서는 BMW가 주도하는 컨소시엄인 GENIVI가 앞서왔다. 애초 GENIVI는 세계 표준을 노리며 오픈소스를 구축했다. 그런데 최근 1년 동안 구미의 텔레매틱스 관련 콘퍼런스를 취재한 결과 GENIVI의 상황이 변화하고 있음을 느꼈다. GENIVI에 참여한 자동차 제조회사와 자동차 부품 제조회사의 관계자들에게 "GENIVI가 지향하는 방향이 바뀌고 있어서 향후의 동향을 조금 지켜보고 싶다"는 이야기를 자주 듣게 된 것이다. 그런 가운데 독일의 자동차 부품 제조회사인 콘티넨탈은 2013년의 프랑크푸르트 모터쇼에서 GENIVI에 준거한 인포테인먼트 계열 텔레매틱스의 플랫폼을 공개했다. 그러나 OS라는 관점에서 보면 "GENIVI는 아직 구현되지 않았다"(인텔 관계자)고 한다.

다만 GENIVI와 AGL이 경쟁 관계라고는 말할 수 없는 상황이다. 타이젠 IVI는 GENIVI도 준거하기 때문이다. AGL에는 자동차 제조회사 중 도요타와 닛산, 재규어, 랜드로버_{Land Rover}가 참여하고 있으며, 그중에서도 도요타의 존재감이 두드러진다. 그 일례가 타이젠 IVI 기반으로 터치 패널을 이용한 화면 조작 등의 사용자 인터페이스_{UI}를 개발하기 위한 미들웨어 'UI 매니저'다.

2013년 5월, 전자 시스템을 개발하는 도요타의 자회사 도요타 테크니컬 디벨로프먼트Toyota Technical Development Corporation가 UI 매니저를 사용한 드라이브 시뮬레이터를 발표했다. 도요타는 인포테인먼트 계열 텔레매틱스를 돌파구로 삼아 자동차의 운전 제어와 관련된 OS의 개발을 자사 주도로 진행하려 하고 있다. 이에 대해 양산차의 인포테인먼트 계열 텔레매틱스에서 도요타보다 앞서 가고 있는 미국 디트로이트 3는 향후 어떤 움직임을 보일까? 그중에서도 포드는 2011년 8월에 도요타와 '차세대 텔레매틱스 분야에서의 협력'에 관한 각서를 교환했다.

인텔 외에도 많은 반도체 제조회사가 자동차 산업에 본격적으로 참가할 계획을 세우고 있다. 안드로이드 단말기의 보급으로 최근 들어 급속히 실적을 높이고 있는 퀄컴도 그중 하나다. 퀄컴은 협업을 통해 다양한 사업을 가능케 한다는 의미에서 자사의 비즈니스 형태를 '이네블러Enabler'라고 말한다. 북아메리카 시장에서는 통신 인프라의 강자인 버라이즌과의 협업이 눈에 띈다. 또한 아우디에 차내 와이파이 기술을 제공하고 뉴질랜드의 비접촉식 충전장치 제조회사도 매수했다. 퀄컴뿐만 아니라 엔비디아도 OAA에 참가하고 아우디의 자동운전 개발에 참여하는 등 자동차 산업에 대해 적극적인 움직임을 보이고 있다.

차세대 텔레매틱스의 등장으로 자동차 산업은 반도체 제조회사에 '돈이 되는 업계'로 다시 태어난 것이다.

애플과 구글이 자동차 산업을 지배하는 날

스마트폰 카 내비게이션과 차량 탑재형 카 내비게이션의 대결

사실 카 내비게이션은 일본에서만 잘 팔리는 일종의 갈라파고스 상품(갈라파고스가 독자적인 생태계를 가진 것에 비유해 세계적인 추세와 역행하며 특정 지역에서만 유독 잘 팔리는 상품을 지칭하는 말—옮긴이)이다. 일본 국내의 경우는 판매되는 승용차(경자동차를 포함)의 약 70퍼센트에 차량 탑재형 카 내비게이션이 장비되어 있다. 옵션 제품으로서 딜러에게도 귀중한 수입원이다. 한편 구미 시장에서는 차량 탑재형 카 내비게이션의 장착률이 약 20퍼센트에 불과하다. 주로 고급차에만 장착되어 있으며, 소형차는 대시보드에 모니터 자체가 없는 모델이 많다. 또한 세계적으로 보면 카 내비게이션의 보급률은 10퍼센트 이하인 상황이다. 구미에서 차량 탑재형 카 내비게이션은 필수품이 아닌 사치품인 것이다.

그렇다면 왜 일본에서는 이렇게 카 내비게이션이 많이 팔리는 것일까? 그 배경에는 문화의 차이가 있다. 구미에는 'Street'나 'Avenue' 등의 거리를 기준으로 양쪽에 짝수·홀수로 번지를 나열하는 주소 체계가 많다. 그에 비해 일본의 주소 체계는 가丁目와 번지의 배열이 복잡한 탓에 좀 더 정확한 지도 정보가 필요하다. 또 다른 사람에게 길을 가르쳐줄 때의 설명 방법이 다르다. 가령 A라는 지점에서 B라는 지점까지 이동할 경우, 구미에서는 기본적으로 "○× 스트리트를 1마일 정도 직진하다 ×× 애비뉴에서 오른쪽으로 꺾으세요. 그리고 500피트 앞에 있는 다리 앞에서 오른쪽 대각선으로 꺾으면 됩니다"와 같이 경로를 순서대로 설명한다. 구미의 방식을 따르는 구글 지도로 경로를 검색하면 일본어판이라 할지라도 이런 식으로 문자 표시가 순서대로 나열된다. 이에 비해 일본은 지도를 시각화한다. 역, 편의점, 주유소 등을 표식으로 삼아 이동 경로의 전체적인 이미지를 전하려 한다. 그래서 일본인은 카 내비게이션의 화면에 저항감이 적은 것이다.

이와 같은 개념적인 배경 이외에 자동차 판매 비즈니스 형태의 차이도 큰 영향을 끼친다. 미국에서는 카 딜러가 자동차 제조회사로부터 신차를 매입해 전시장에 진열하고 판매한다. 그래서 영업사원은 "이 차는 가죽 시트에 선루프가 달려 있고 카 내비게이션은 없습니다. 이쪽은 같은 조건에 카 내비게이션이 달려 있지만 현재 빨간색밖에 재고가 없습니다"라는 식으로 고객에게 설명한다. 따라서 딜러로서는 잘 팔리는 조합을 들여놓아야 손해를 보지 않는다. 그러다 보니 고객의 예산이 빠듯한 경우가 많은 중소형 대중차의 경우는 카 내비게이션이 장착된 모델을 많이 매입해놓을 수가 없다.

이런 가운데 구미에서는 차량 탑재형 카 내비게이션 대신에 애프터마켓(부품 교체나 정비, 유지보수 등 자동차를 판매한 뒤에 형성되는 시장—옮긴이)에서 판매하는 저렴한 PND가 한때 급속히 보급되었다. PND는

톰톰의 카 내비게이션. 톰톰은 가민과 함께 세계 카 내비게이션 시장을 지배하고 있다.

'Personal(혹은 Portable) Navigation Device'의 약자로, 가지고 다닐 수 있는 내비게이션 단말기란 뜻이다. 이 부문의 세계적인 강자는 네덜란드의 톰톰TomTom NV과 미국의 가민Garmin Ltd.이며, 일본에는 산요전기(현 파나소닉)가 개발한 '고릴라'라는 상품 등이 있다. 구미에서 PND는 일반 운전자용뿐만 아니라 택시나 렌터카용으로도 널리 이용돼왔다.

그런데 2007년에 아이폰이 등장한 이후 '스마트폰을 카 내비게이션으로 이용하면 어떨까?'라는 아이디어가 등장하면서 PND 시장이 축소되었다. 구글 지도 등의 무상 서비스가 있다는 점을 생각하면 이와 같은 시장의 전환은 지극히 당연한 결과다. 일본에는 파이오니아Pioneer Corporation가 NTT 도코모와 공동 개발한 '드라이브넷DriveNet'이 있다. 이 제품은 대시보드에 고정하는 거치대에 자이로센서를 달아서 스마트폰의 GPS 정밀도를 보강했다.

한편 '스마트폰 카 내비게이션'이 확산됨에 따라 여러 가지 문제가 발생했다. 첫째는 스마트폰을 보면서 운전하다가 발생하는 사고다. 특히 미국에서는 많은 사람이 거치대를 이용하지 않고 스마트폰을 손에 든 채 이메일 송수신이나 SNS(소셜네트워킹서비스)를 하면서 내비게이션도 보는 경우가 늘어났다. 교통법규 위반으로 단속을 강화하고는 있지만, 내비게이션을 포함해 차내에서 스마트폰을 이용하는 비율은 점점 늘어나고 있다. 이와 같은 사회 상황을 감안해 애플의 '시리 아이즈 프리'가 탄생했고 나아가 'iOS in the Car'로 발전한 것이다.

두 번째 문제는 차량 탑재형 카 내비게이션이 팔리지 않게 된 것이다. 애초에 차량 탑재형 카 내비게이션 시장이 작은 구미에서는 안 그래도 팔리지 않는 카 내비게이션이 더 팔리지 않게 되었다. 또 일본에서도 20~30대를 중심으로 '카 내비게이션은 스마트폰으로 충분하다'는 발상이 급격히 확산되고 있다. 이것은 젊은 세대가 스마트폰으로 만화책을 읽고 영화를 보는 것과 마찬가지다. 40대 이상 세대의 '만화책은 종이가 제맛. 영화는 큰 화면에서 봐야 제맛'이라는 발상과는 크게 다르다.

요컨대 스마트폰이 자동차의 HMI_{Human-Machine Interface}(인간과 기계가 정보를 주고받기 위한 수단 혹은 이를 위한 장치—옮긴이)로서 필요충분하다고 인식하는 사람은 앞으로 더욱 늘어날 것이라는 말이다. 지금까지 자동차 업계에서 HMI는 차량 탑재형 카 내비게이션과 동의어였다. 카 내비게이션의 터치 패널은 사람과 자동차라는 기계의 접점이었다. 그러나 아이폰이 등장한 뒤로 스마트폰은 USB 케이블, 블루투스 Bluetooth 그리고 와이파이를 통해 차량 탑재형 카 내비게이션과 연결되어 음악 데이터를 보내는 주체가 되었다. 이것을 일본에서는 '스마트폰 연계'라고 부른다.

전환기를 맞이하고 있는 카 내비게이션 제조회사

이런 상황 속에서 앞으로 차내 인포테인먼트의 데이터를 어떻게 관리할 것이냐는 문제를 놓고 자동차 제조회사와 차량 탑재형 카 내비게이션을 공급하는 제조회사 사이에 격론이 벌어지고 있다. 클라우드를 통해 스마트폰으로 관리하느냐, 차량 탑재형 카 내비게이션의 메모리를 어느 정도 확보해서 관리하느냐, 아니면 스마트폰과 차량 탑재형 카 내비게이션에 역할을 분담시켜야 하느냐는 것이다.

이러한 논의를 진행하다 보면 '스마트폰과 자동차는 상품 수명이 크게 다르다' '자동차 제조회사는 데이터 관리의 관점에서 주행 시이 안심·안전을 보장해야 한다'라는 이유에서 차량 탑재형 카 내비게이션은 반드시 필요하다는 의견이 많다. 그러나 여기에서 중요한 점은 차량 탑재형 카 내비게이션이 이미 내비게이션만을 위한 단말기가 아니게 되었다는 것이다. 구미의 자동차 산업계에서는 차량 탑재형 카 내비게이션을 총칭해 '임베디드Embedded'라고 부른다. 일본의 자동차 기술 업계에서는 이것을 '내장 기기' 혹은 '차량 탑재 기기'라고 부른다. 일본에서는 '차량 탑재 기기=차량 탑재형 카 내비게이션'이지만, 차량 탑재형 카 내비게이션의 보급률이 낮은 구미나 중국 등의 신흥 시장에서는 '차량 탑재 기기=스마트폰을 포함한 텔레매틱스의 심장부'로 해석한다. 따라서 내비게이션에 특화한 일본의 차량 탑재 기기 비즈니스는 얼마 안 있어 커다란 전환기를 맞이할 것이다.

덴소와 클라리온, 파나소닉, 알파인, 후지쓰 텐FUJITSU TEN LIMITED, 미쓰비시 전기Mitsubishi Electric Corporation 등 차량 탑재형 카 내비게이션 제조회사들은 이런 상황을 충분히 이해하고 있다. 이들은 생존을 위해 2012년경부터 차세대 텔레매틱스 개발의 본고장인 실리콘밸리에 거점을 개설하고 최신 정보의 흡수에 힘을 쏟고 있다. 예를 들어 클라리온은 구글의 대화식 음성인식 서비스 '구글 보이스Google Voice'를 탑재한 차량 탑재형 카 내비게이션을 발매했다. 클라리온은 2013년 10월에 개최된 IT·일렉트로닉스 산업 관련 전시회 '시테크 재팬CEATEC JAPAN'에서 이 제품을 발표했는데, 이벤트 직후 필자는 프레젠테이션을 한 클라리온의 간부를 만나 이야기를 들었다. 그 간부의 이야기에 따르면 구글과 협의를 시작한 시기는 2012년 말경이라고 한다. 또 그는

"구글은 티어1(자동차 부품 제조회사) 중에서는 클라리온과의 관계를 가장 중시합니다"라고 말하고, 그 이유로 클라리온은 자동차 제조 회사에 대한 OEM 공급이 전체 판매의 80퍼센트를 차지하며 복수의 자동차 제조회사에 동시 공급이 가능하다는 점을 들었다. 계약 내용은 로열티가 아니라 상당한 금액의 일시불이라고 한다. 마지막으로 그는 "경쟁은 앞으로 더욱 치열해질 것입니다. 우리로서도 한시라도 빨리 다음 수를 써야 했습니다"라고 강한 어조로 말했다.

또한 구글은 구글 보이스의 공급과 관련해 독일의 아우디, 그리고 한국의 현대자동차와 직접 계약을 맺었다.

구미의 기업이 좌지우지하고 있는 자동차의 음성인식

자동차의 음성인식은 크게 두 종류로 나눌 수 있다. 첫째는 차량 탑재 기기를 조작하기 위한 음성인식이고, 둘째는 차량 탑재 기기와 연결된 스마트폰을 조작하기 위한 음성인식이다. 또 방식에 따라서도 두 가지로 분류할 수 있다. 첫째는 차량 탑재 기기에 사전 설치되어 있는 방식이고, 둘째는 클라우드 방식이다.

원래 음성인식은 인공지능 분야에서 파생해 실용화된 기술이다. 세계 시장을 보면 미국의 뉘앙스 커뮤니케이션즈Nuance Communications, Inc.가

최대 강자로, 차량 탑재용의 점유율이 거의 100퍼센트에 가까운 상황이다. 뉘앙스 사의 기원은 1987년에 벨기에에서 창업한 런아웃 앤드 하우스피L&H: Lernout & Hauspie Inc.다. 2001년에 L&H가 도산하자 그 사업을 뉘앙스 사의 전신이 계승했다. 그리고 2000년대에 네덜란드 필립스 Royal Philips Electronics N.V.의 음성인식 부문 등 음성인식의 기초 기술을 보유한 유력 기업을 잇달아 매수하며 현재의 뉘앙스 사가 되었다. 애플의 '시리'나 구글의 '구글 보이스'의 개발자 중에도 뉘앙스 사 출신이 많다.

음성인식 기술을 도입한 주요 분야로는 콜센터나 병원 등의 의료 분야가 있는데, 뉘앙스 사는 이 시장에서도 강자이지만 이 분야에는 경쟁자 또한 다수 있다. 그런데 차량 탑재 기기 분야에서는 뉘앙스 사가 시장을 독점하고 있는 상태다. 유럽, 미국, 한국, 일본 등 거의 모든 자동차 제조회사와 카 내비게이션 등의 차량 탑재 기기를 제조하는 모든 회사가 뉘앙스 사와 계약을 맺고 있다. 뉘앙스 사에 따르면 자사의 음성 기술이 사용된 차량 탑재 기기를 장착한 자동차의 수는 2007년에 200만 대였던 것이 2012년에는 그 10배인 2000만 대로 급속히 확대되었으며, 2013년에는 보급이 더욱 가속되어 2500만 대에 이를 전망이라고 한다. 또 인포테인먼트 계열 텔레매틱스의 선구자인 GM의 '온스타OnStar, LLC.'는 콜센터에도 뉘앙스 사의 기술을 사용했다.

한편 일본에서 음성인식 기술을 제공하는 기업으로는 NTT 도코모의 '말해줘 컨시어지'와 au의 '말하는 어시스턴트'의 어드밴스드 미

애플과 구글이 자동차 산업을 지배하는 날

디어_{Advanced Media, Inc.}가 있다. 어드밴스드 미디어는 교토대학에서 인공지능을 연구하던 스즈키 기요유키_{鈴木淸幸}가 창업한 회사로, 과거에 일본 자동차 제조회사의 차량 탑재 기기용 음성인식 기술을 개발한 실적도 있다. 그러나 스즈키 사장은 "자동차용을 포함해 세계 시장에서는 뉘앙스 사의 영향력이 매우 강합니다. 저희는 의료나 콜센터 등에 특화해 사업을 전개할 계획입니다"라고 말했다.

뉘앙스 사는 스마트폰용 음성인식 분야에서도 애플과 삼성, LG 등 주요 제조회사에 기술을 제공하고 있다. 'iOS in the Car'로 진화한 애플의 '시리'와도 공식적인 발표는 없지만 "깊은 관계가 있다"(뉘앙스 사 관계자)고 한다. 뉘앙스 사는 차량 탑재 기기와 스마트폰 쌍방 혹은 이 둘이 연계하는 하이브리드형 음성인식이 향후의 주류가 될 것으로 보고 있다.

이렇게 자동차 관련 분야에서 독점 상태를 유지하고 있는 뉘앙스 사는 앞으로의 경쟁 영역으로 클라우드를 기반으로 한 차량 탑재 기기의 음성인식에 주목하고 있다. 미국에서는 '구글 보이스'의 구글을 비롯해 대형 통신사인 AT&T 등이 손대고 있다. 가령 구글 보이스는 클라우드 서버를 통해 운전자나 동승자가 내비게이션, 메시지, 음악이나 동영상 재생 등을 마치 사람에게 말하듯이 대화로 조작할 수 있게 해준다. 또 서버의 학습 능력이 우수해서 외국인이 그다지 유창하지 않은 일본어로 말하더라도 자꾸 말할수록 인식률이 높아진다.

이처럼 자동운전을 포함한 차세대 텔레매틱스의 중핵을 담당하는 음성인식은 뉘앙스 사와 구글 등 구미의 세력에 좌지우지되고 있다.

자동운전의 핵심인 '지도 데이터'를 둘러싼 개발 경쟁

자동운전 기술의 급속한 진화와 함께 지도 데이터에 대한 관심도 단숨에 고조되었다. 현재 세계 시장에서 카 내비게이션과 스마트폰 등 디지털 기기의 지도 데이터는 사실상 세 회사가 좌지우지하고 있다.

첫 번째 회사는 1985년에 실리콘밸리에서 창업한 지도 서비스 기업 나브텍NAVTEQ을 2008년에 매수한 핀란드의 정보통신 대기업 노키아다. 그리고 두 번째 회사는 1984년에 창업한 디지털 지도 정보 서비스 회사인 텔레아틀라스Tele Atlas N.V.를 2008년에 매수한 네덜란드의 PND 제조판매 기업 톰톰이다. 톰톰은 애플의 지도 정보 서비스도 개발하고 있다. 노키아와 톰톰이 2008년에 나란히 지도 데이터 관련 회사를 매수한 이유는 당연히 아이폰과 안드로이드 단말기에 대한 대응이다. 마지막으로 세 번째 회사는 구글 지도와 구글 어스를 보유한 구글이다.

이 세 회사 중에서도 노키아는 새로운 비즈니스 모델 개발에 적극적이며, 이미 '로케이션 클라우드Location Cloud'를 표방한 지도 서비스 'HERE'를 제공하고 있다. 노키아는 클라우드 비즈니스의 경쟁자로

소셜 클라우드인 페이스북Facebook과 리테일 클라우드인 아마존Amazon, 그리고 검색 클라우드인 구글을 들었다. 이렇게 분류하면 구글과 노키아는 지도 정보 서비스에서 같은 영역에 있지 않다. HERE의 개발을 담당하고 있는 노키아의 간부는 이와 관련해 "구글의 본업은 어디까지나 검색 사업입니다. 지도 데이터 사업은 검색을 구매로 연결시키기 위한 도구일 뿐이지요"라는 견해를 보였다.

그렇다면 로케이션 클라우드란 구체적으로 무엇일까? 그것은 자동차의 운동 상황을 파악해 3D 지도로 만드는 것이다. 그 기반으로 도로의 기울기, 커브길의 곡률, 커브길의 고저차, 그리고 차선폭 등의 미묘한 변화를 상세히 데이터화한다. 이런 데이터의 수집에는 구글 카와 마찬가지로 미국 벨로다인의 '라이다'가 사용되고 있다. 그런 다음 HERE를 탑재한 각 자동차의 이동 방향과 속도를 GPS 등의 위성 위치측정 데이터에 덧씌운다. 그러면 예를 들어 어떤 커브길을 달리는 자동차의 진입 속도, 브레이크를 밟는 지점, 코너링 중의 속도 변화, 그리고 커브길의 출구에서의 가속도를 파악할 수 있다. 그리고 이러한 차량의 주행 상태를 바탕으로 3D 지도를 만든다.

이처럼 카 내비게이션에서 제공하는 정보를 클라우드에서 해석하는 수법을 세계 최초로 채용한 곳은 혼다로, 2003년에 차량 탑재형 카 내비게이션 '인터내비'에서 플로팅 카 데이터를 해석하기 위해 사용했다. 혼다는 현재 그 데이터를 구글 어스에 표시하는 실험을 도쿄 등지에서 실시하고 있다(자세한 내용은 2장에서 소개). 이 경우 데이터 해석은 혼다의 독자적인 서버에서 하게 되는데, 혼다는 독자적인 지도 데이터를 보유하지 않고 있다. 한편 HERE의 경우는 정보 해석의 주체가 지도 정보 데이터 보유자이며, HERE를 탑재한 각 자동차 회사 차량의 위치 데이터가 모여드는 구조다. 그리고 HERE는 가까운 미래에 좀 더 진보한 영역으로 발을 내디딜 예정이다. 그것은 차량의 CAN_{Controller Area Network}의 정보를 얻어서 엔진과 트랜스미션, 서스펜션 등 자동차의 운전 성능에 관한 데이터까지 흡수하는 것이다. 운전자를 사전에 등록해놓으면 개개인의 운전 특성도 알 수 있다. 그리고 여기에 실시간 날씨 데이터와 노면 상황을 입력하면 각 차량의 운동 특성을 망라한 3D 지도가 완성된다.

그러나 노키아의 목적은 이보다 더 앞에 있다. 바로 자동운전 시의 조작 지시다. 예를 들어 운전자 A가 매일 출근하는 경로의 급커브에 평소보다 빠른 속도로 진입하면 클라우드를 통해 차량에 감속 지시를 내린다. 또 운전자 B가 처음 방문한 도시에서 렌터카를 몰 경우, 그 도시에서 수집된 평균적인 주행 패턴으로부터 벗어날 것 같으면 속도를 줄이거나 핸들 조작을 보조한다. 이처럼 운전자 한 사람 한 사람에 맞춰 최적화한 궁극의 자동운전이 가능해진다. 주행하는 각 차량에서 정보를 얻는 것이 클라우드에서 정보를 처리하는 '프로브' 정보 관리의 제1단계. 이것을 바탕으로 제2단계에서는 각 차량에 적확한 지시를 내리는 조작 지시가 실현된다. 이것은 말 그대로 빅데이터 활용의 자동차 버전이다.

이와 같은 기술의 개발 과정에서는 당연히 표준화 논의가 진행된다. 이와 관련해 HERE의 개발자는 "(자동운전을 포함한 외부에서의 운전 지시에 대한) 자동차 제조회사 측의 생각이 다양하므로 저희의 시스템을 표준화하기는 쉽지 않습니다"라는 모범 답변만을 내놓았다. 그러나 노키아가 3D 지도 데이터 분야에서 시장점유율을 높여 이른바 사실상의 표준De Facto Standard화를 노리고 있음은 틀림없으며, 2013년 9월의 프랑크푸르트 모터쇼에서 그 포석을 엿볼 수 있었다. 다임러Daimler의 메르세데스-벤츠 부문과 이탈리아의 자동차 부품 제조회사인 마그네티 마넬리Magneti Marelli S.p.A. 그리고 독일의 부품 제조회사인 콘티넨탈이 HERE를 채용한다고 발표한 것이다.

한편 일본의 지도 정보산업은 구미 기업들의 이러한 적극적인 움직임을 손가락만 빨며 바라볼 수밖에 없는 상황이다(자세한 내용은 2장에서 소개). 그리고 지금 안 그래도 어려운 일본의 상황에 치명타로 작용할 것이 차세대 위성 위치측정 시스템 '멀티 GNSS'다.

기대가 커지고 있는 위성 위치측정 시스템, 멀티 GNSS

위성 위치측정은 내비게이션과 지도 정보에서 매우 중요한 요소인데, 2013년에 위성 위치측정의 새로운 시대가 열렸다.

위성 위치측정 시스템이라고 하면 여러분은 바로 GPS(글로벌 위치측정 시스템)를 떠올릴 것이다. 그런데 사실 GPS는 위성 위치측정 시스템의 고유명사이며, 일반명사로는 GNSS_{Global Navigation Satellite System}(글로벌 위성항법 시스템)이라고 한다. 미국은 1960년대부터 군사용으로 위성 위치측정 시스템을 연구개발해 1980년대에 기본 시스템을 구축했다. 그리고 1993년 12월에 빌 클린턴_{Bill Clinton} 당시 대통령이 GPS의 민간 이용을 결정했다. GPS를 관리 운용하는 미 공군이 위성 위치측정 콘퍼런스 'ION GNSS+'(2013년, 테네시 주 내슈빌)에서 발표한 바에 따르면 GPS 위성의 총수는 35기(2013년 9월 기준)다. 그 내역을 살펴보면 발사 시기가 빠른 순서대로 GPSⅡA 8기, GPSⅡR 12기, GPSⅡR-M 7기, GPSⅡF 4기, 테스트 운용 중인 위성 1기, 예비용 위성 4기이며, 2014년 중에 발사가 예정된 3기를 포함해 앞으로 8기의 GPSⅡF를 발사할 계획이다. 그리고 2015년 이후에는 제3세대인 'GPSⅢ'로 이행할 것이 결정되었다.

이처럼 현재는 미국이 GPS를 독점하는 상태인데, 이에 맞서 독자적인 GNSS를 운용하려는 움직임이 세계 각지에서 나타나고 있다. 러시아가 2010년부터 글로나스_{GLONASS}, 중국이 2012년부터 베이더우北斗를 운용하기 시작했고, EC(유럽위원회)는 2014년 말부터 갈릴레오_{Galileo}의 실증실험을 할 예정이다. GPS를 포함해 이 네 가지 GNSS는 세계 각지에 기지국을 갖추고 있다. 그 밖에 지역을 한정한 GNSS로는 인도의 가간_{GAGAN}과 일본의 QZSS(준천정위성準天頂衛星)가 있다. 이것들을 '멀티 GNSS'라고 부르는데, 민간 기업은 이미 멀티 GNSS를 지원하는 수신기를 시장에 내놓았다.

그렇다면 멀티 GNSS화가 가속되고 있는 이유는 무엇일까? 가장 큰 이유는 군사적인 정보 경쟁이다. 앞에서 언급한 'ION GNSS+'의 현장을 취재하면서 필자는 미 국방부 본부와 공군의 존재감이 매우 크다는 사실에 놀랐다. 또 러시아와 중국의 관계자에게 GNSS에 관한 자세한 이야기를 들어보려 해도 이쪽이 "프레스(보도 관계자)입니다"라고 소개하는 순간 그들의 입이 무거워졌다. 일본 준천정위성의 제조에 관여하고 있는 전기기기 제조회사의 관계자는 "준천정위성의 목적은 GPS의 보완이며 위성의 설계 사상도 상당히 GPS에 가깝습니다. 그런 까닭에 군사적인 사안도 많아서 설계의 상세한 내용을 아는 사람은 몇 명뿐이지요. GPS 관련 사업부의 보안 수준은 매우 높습니다"라고 넌지시 귀띔해줬다.

이렇게 군사적인 목적이 강하지만 '국민의 세금을 사용하는 이상 GNSS의 민간 이용도 허용할 수밖에 없다'는 것이 각국의 기본자세인데, EC가 발표한 자료를 보면 민간 이용 분야에 관한 자세한 데이터가 있다. 먼저 2010~2020년까지 세계 시장에서 GNSS의 민간 이용 매출을 살펴보면 자동차가 54.0퍼센트, 스마트폰이 43.7퍼센트로 시장의 대부분을 차지한다. 나머지는 농업 1.0퍼센트, 측량 0.6퍼센트, 항공 0.5퍼센트, 그리고 선박 0.1퍼센트였다. 또 자동차와 스마트폰의 GNSS 이용을 차량 탑재형 카 내비게이션과 PND, 그리고 스마트폰 카 내비게이션의 세 종류로 나눈 판매 대수 예측 자료가 있다. 이에 따르면 PND는 현상 유지, 차량 탑재형 카 내비게이션은 조금씩 증가하다 2018년에 정점에 오르며, 스마트폰 카 내비게이션은 순조로운 증가가 예상되고 있다. 그런데 이것을 매출액이라는 관점에서 바라보면 스마트폰 카 내비게이션은 2018년에 정점을 찍을 것으로 예측되고 있다. 이것은 스마트폰의 양산 효과에 따른 지속적인 가격 하락을 감안한 결과다.

멀티 GNSS는 위성 위치측정의 정밀도를 높인다. 위성 위치측정은 최소 4기의 위성으로부터 신호를 받아서 수신 위치를 계산하는데, 정밀도를 높이려면 더 좋은 수신 상태와 더 많은 위성의 신호가 필요하다. 또한 미국과 러시아, EC, 중국, 일본이 운용하고 있는 SBAS_{Satellite Based Augmentation System}(정지위성형 위성항법 보강 시스템)라는 종류의 위성으로부터 보강 신호를 얻으면 수신 위치의 정밀도가 더욱 향상된다. GNSS를 이용한 측량기기를 제조하는 톱콘_{TOPCON CORPORATION}의 기술자에 따르면 "현재 스마트폰에 장착된 위성 수신 모듈은 정밀도가 낮은 저가형이라서 위치 정밀도가 10미터 정도입니다. 카 내비게이션의 경우는 5미터이지요. 그리고 측량이나 건설기기용으로 우리 회사에서도 판매하고 있는 RTK 위치측정 장치(지상의 두 곳에서 수신하는 방식)는 1센티미터의 정밀도를 실현했습니다"라고 한다.

또한 2013년에 도쿄에서 열린 ITS 세계회의에서는 도요타 계열의 전기기기 제조회사인 덴소가 야외에서 '아쿠아_{AQUA}'의 자동운전 시연

회를 열었다. 이 시연회에서 한 설명에 따르면, GPS와 함께 일본 우주항공 연구개발기구JAXA의 협력을 얻어 실험 운용 중인 준천정위성 '미치비키みちびき(인도자라는 의미─옮긴이)'로부터 보강 신호 L1-SAIF 또는 Lex를 수신함으로써 10센티미터의 정밀도를 목표로 삼고 있다고 한다.

일본의 준천정위성은 2010년대 후반까지 '미치비키'를 포함한 4기 체제가 될 예정이다. 이를 위한 예산은 확보되어 있다. 또한 장기적으로는 최대 7기까지 늘릴 계획이다. 7기가 되면 GPS에 전혀 의존하지 않는 일본의 독자적인 위성 위치측정이 가능해진다는 이야기도 있다. 그러나 "현실적으로는 미국의 군수가 얽혀 있어서 일본의 처지가 미묘하다"(일본의 GNSS 정책 관계자)고 한다. 민간 이용보다 국가 안전보장과 관련된 영역이 더 큰 것이다. 준천정위성에 관한 시책을 소관하는 내각부의 공개 자료에는 '유사시 등에는 GPS를 이용할 수 없게 될 가능성이 있다'는 단서가 달렸다.

한편 러시아와 중국, EC는 독자적인 GNSS를 보유하기 때문에 멀티 GNSS의 편리함을 누릴 수 있으며 자동차 등의 지상 이동물체에 대한 독자적인 텔레매틱스 전략을 추진할 수 있다. 특히 EC는 노키아 'HERE'의 활용을 추진할 태세다.

자동운전은 언제 보급될 것인가?

　자동운전 자동차는 어떻게 양산화되어 언제쯤 일상생활의 일부
가 될까? 양산 시기에 관해서는 자동차 제조회사와 자동차 부품 제
조회사, 그리고 행정 당국에서 다양한 표현이 나오고 있다. 예를 들
어 구글은 앞에서도 이야기했듯이 '(2013년 11월 시점에서) 4년 안에', 닛
산은 세계의 언론을 초대한 프레스 이벤트 'NISSAN 360'(2013년 8~
9월, 캘리포니아 주)에서 '2020년을 목표로'라고 정식 발표했다. 그리고
2012년 후반에 자동운전을 포함한 차세대 교통 기술 개발용 시험 코
스를 시즈오카 현의 히가시후지 연구소에 개설한 도요타는 '2010년
대 중반을 목표로'라는 언론 보도자료를 배포했다.

　또 GM과 폭스바겐의 자동운전 실험 차량에 주요 부품을 공급하
고 있는 독일의 콘티넨탈은 '2016년까지 간이적으로, 2020년까지는
정밀도가 높은 상태로, 2025년에는 완전한 자동운전을'이라는 개발
로드맵을 공개했다. GM은 이와 같은 자동운전 기술에 '슈퍼 크루즈'
라는 이름을 붙였다. 그러나 국가적으로는 미국도, 독일도, EC도 자
동운전에 관한 방향성을 밝히지 않고 있는데, 세계에서 유일하게 일
본만이 국가 시책으로서 자동운전의 보급과 기술 개발에 대한 로드
맵을 공개했다. 이것은 국토교통성이 2012년 6월 27일에 첫 모임을

주재한 '오토파일럿 시스템에 관한 검토회'가 정리한 것이다. 그 실시 요강을 보면 오토파일럿 시스템을 '고속도로상의 자동운전을 실현하는 시스템'으로 정의했다. 일반적으로 고속도로는 일반 도로보다 차량의 이동 패턴이 한정적이고 중앙 분리대가 없는 대면 교통이 거의 없으며 보행자가 횡단하지 않는 등 자동운전에 적합한 환경이다. 또 장기적으로 자동운전에 대해 과금을 할 경우도 ETC를 활용하기가 쉽다.

검토회는 2013년 8월에 중간보고를 정리하고 그 구체적인 성과를 2013년 10월의 도쿄 ITS 세계회의에서 공개했다. 이에 따르면 자동운전을 실시하는 장소는 기본적으로 고속도로의 본선과 일부 분류선이며, 휴게소 안은 포함되지 않는다. 로드맵은 크게 세 단계로 구성된다. 제1단계는 2010년대 중반까지 '동일 차선에서의 연속 주행 실현'이다. 연속 주행이란 2013년 후반 현재 각 자동차 제조회사에서 양산화되고 있는 앞차 추종 주행 기능이나 차선유지 보조 시스템LKAS: Lane Keeping Assist System을 응용한 고도의 운전 지원 시스템을 가리킨다. 이를 위해서는 도로 구조 데이터를 차량이 인식하고 DSRCDedicated Short Range Communication(근거리 전용 통신) 등 도로 인프라를 통해 차량의 위치 정보를 확인해야 한다.

제2단계는 '차선 변경이 동반되는 주행의 실현'이다. 이것은 이른바 추월이 아니라 전방의 공사, 교통사고, 낙하물, 차량 정체 행렬에 대한 회피를 의미한다. 이를 위해서는 도로 관리자와 차량이 관련 정보를 실시간으로 송수신해야 한다. 그리고 2020년대 초엽 이후에는 제3단계로 '분·합류 시, 정체 시의 최적 주행의 실현'을 지향한다. 요컨대 고속도로에서의 완전 자동운전을 실현한다는 말이다.

여기에서 과제로 떠오르는 것이 일반 도로에서의 자동운전이다. 학계에서는 "특구를 설정해서 실시하면 된다"고 말하지만, 자동차 제조회사의 생각은 다르다. 통상적인 교통 환경에서 자동운전의 실증실험을 실시하고 싶은 것이 본심이다. 이에 관해서는 2013년 5월에 열린 내각부 규제개혁회의 '제6회 창업 등 워킹 그룹'에서 도요타 등의 자동차 제조회사와 국토교통성이 의견을 교환했다.

자율 이동체 시대의 개막

아직 자동운전에 대한 연방정부의 명확한 시책이 없는 가운데 과연 미국은 어떻게 대응하고 있을까?

미국의 도로교통과 차량 운송에 관한 법률은 운수부가 관할하는데, 이 운수부의 도로교통안전국은 2013년 5월에 자동운전의 종류에 관한 방침을 공개했다. 이것을 보면 통상적인 운전인 레벨 0에서 안전 자동운전의 레벨 4까지 5단계로 나눴다. 다만 실제 법 정비는 각 주정부가 개별적으로 실시한다. 또 주정부에 따라 도로 정비와 도로 인프라에 대한 예산 규모의 격차가 크기 때문에 일본과 같은 '도로—차량 간 통신'을 주체로 한 자동운전 시스템이 확립되기 어려운 환경이다.

이와 같은 미국과 일본의 자동운전 기술 개발 실정을 비교해보면 일본이 국가의 주도 아래 산·학·관이 협력해 미국보다 '통합이 잘되고 보급을 향한 추진력이 강한' 것처럼 생각된다. 그러나 현실은 다르지 않을까? 양국이 지향하는 자동운전의 방향성의 차이가 크지 않을까?

일본의 오토파일럿은 고속도로를 철로처럼 '일탈하지 않는 경로'로 만든다는 안전책이다. 기술 개발의 경우도 ADAS_{Advanced Driver Assistance Systems}(첨단 운전자 보조 시스템)라고 부르는 영역의 차선유지 보조 시스템 같은 기존 기술을 진화시킨다는 발상이다. 이에 비해 미국은 일반 도로를 포함한 자율주행에 중점을 둔다. 여기에는 차세대 방위와 전투를 염두에 둔 DARPA의 경주대회에서 볼 수 있듯이 군사적인 목적이 큰 영향을 끼치고 있다. DARPA는 어번 챌린지로부터 5년이 지난 2012년에 자율형 로봇 경연 대회인 DARPA 로보틱스 챌린지_{Robotics Challenge}의 개최 요강을 발표했다. 이것을 보면 기획의 배경으로 '후쿠시마 제1원자력발전소 사고를 계기로 위기관리의 관점에서 고성능 자율형 로봇의 기술 혁신이 필요하다'는 인식이 있었다. 기본적인 규칙은 자율형 로봇이 보행, 자동차 운전 그리고 잔해 속을 통과해 원형 밸브를 잠그는 경로를 완주하는 것이다. 서류 심사 등을 거처 2013년 12월에 플로리다 주의 자동차 경기장인 홈스테드 레이스 웨이에서 제1회 예선이 실시되었다.

이와 같은 DARPA의 움직임에서도 알 수 있듯이 미국이 지향하는 것은 자율적으로 움직이는 기기 전반이며 그 안에 '자동차도 포함된다'고 해석할 수 있다. 또한 현재는 원격으로 조종하는 무인 공격기 '프레데터' 같은 항공기 분야에서도 당연히 자율비행을 향한 연구개발이 진행되고 있다. 이러한 넓은 의미의 자율 이동체를 연구개발하는 과정에서 자동차 산업계라는 좁은 영역에서는 생각지도 못했던 차세대 이동 방식이 미국을 기점으로 개발될 것이다.

구글 카는 그런 자동차 대변혁의 작은 첫걸음에 불과하다.

디지털 카재킹 당한 프리우스

2013년 8월, 도요타 사내가 충격에 빠졌다. 미국의 해커 축제인 데프콘DEFCON에서 프리우스의 디지털 카재킹 방법이 공개된 것이다.

데프콘은 세계 각국에서 최신 해킹 기술이 발표되는 이벤트다. 2013년으로 21회를 맞이했는데, 이 21회 데프콘에서 시선을 끈 것은 트위터의 엔지니어인 찰리 밀러Charlie Miller와 IO액티브IOACTIVE, Inc.의 보안 인텔리전스 부문 디렉터인 크리스 발라섹Chris Valasek의 강연이었다. 그들은 2010년형 프리우스와 2010년형 포드 이스케이프Escape의 차량 제어 ECU를 해킹해 노트북으로 조작했다. 또 미국의 대형 언론인 〈포브스Forbes〉의 기자가 취재한 카재킹 당한 프리우스의 주행 영상이 유튜브에 공개되는 바람에 도요타를 비롯한 세계 자동차 제조회사의 관계자가 머리를 감싸 쥐었다.

문제는 이것이 개인의 취미가 아니라는 점이다. 사실은 디지털 카재킹을 실시한 두 사람에게 미국 정부가 8만 달러의 보조금을 지급했는데, 그 돈의 출처는 바로 DARPA였다. DARPA가 추진해온 자동차의 자동운전 기술에서 IT 보안 분야의 개선은 필수 항목이다. 다만 아무리 그렇다고 해도 해커가 양산차를 정정당당하게 개조하고, 자동운전 주행이 아직 허가되지 않은 인디애나 주에서 운전자 없이 달리는 모습이 주요 언론에 보도되는 상황은 상식적으로 이해하기 어렵다. 마치 '정부가 악인을 이용해 악인을 쓰러뜨리는' 할리우드 영화의 시나리오를 연상시킨다.

또 중국에서는 미국의 해커와 대량으로 계약을 맺고 세계의 인터넷 정보를 조사 연구하고 있다는 소문이 있는데, 디지털 카재킹 역시 중국 측이 관여할 가능성이 제로는 아니다.

애초에 자동차는 외부의 정보 침입에 대한 보안이 취약하다. 자동차는 지금까지 통신 네트워크에 연결되지 않은 '닫힌 루프Closed Loop'였기 때문이다. 이동체로서의 기본 동작인 '달린다, 선회한다, 멈춘다'에 관해서는 운전자의 조작만으로 완결되는 '닫힌 루프'였다.

이 동작들은 자동차의 기본 구조물인 차체, 엔진, 트랜스미션, 서스펜션의 연계를 통해 성립한다. 그리고 그 중개 역할을 하는 것이 CAN_{Controller Area Network}이다.

그런데 그러던 자동차가 텔레매틱스를 통해 통신 네트워크와 연결되게 되었다. 게다가 2000년대 후반에 스마트폰이 등장하고 클라우드가 발달하면서 통신 네트워크에 대해 '열린 루프_{Open Loop}'가 되었다. 이번 데프콘에서 공개된 디지털 카재킹의 사례는 CAN에 침입해 데이터를 해킹한 것이었다.

자동차 제조회사로서는 CAN에 대한 통신 상대의 조합照合 방식을 암호화하는 등 빠른 대책이 요구된다. 다만 자동차 기술자나 학회 수준에서는 2010년에 들어서서야 미국의 자동차기술회나 운수부 도로교통안전국, 일본의 자동차기술회 등에서 차량 탑재 기기의 보안에 관한 협의가 막 시작되었을 뿐이다.

이러한 공식적인 대책과는 별도로 미국에는 기상천외한 프로그램도 있다. 바로 사이버 오토 챌린지_{Cyber Auto Challenge}다. 주최자는 정부와 대기업 출신자가 간부로 있는 독립계 기술연구소 '바텔_{Battelle}'로, 공모를 보고 모여든 학생들에게 실제 자동차에 대한 사이버 공격을 시키는 대회다. 참고로 바텔의 주요 연구 분야는 국가 안전보장, 에너지·환경 그리고 건강·생명과학이다. 요컨대 사이버 오토 챌린지는 국가 안전보장을 염두에 둔 것이다.

이처럼 자동차에 대한 해킹 분야에서도 미국 군수軍需의 영향력이

강하다. 일본으로서는 건드릴 수 없는 영역이며, 자동차 제조회사로
서는 미국 정부가 시키는 대로 할 수밖에 없는 것일까?

2장

시대의 흐름에 뒤처진
일본 자동차 산업계의 방황

T E L E M A T I C S

구미에서 신흥국으로 시장을 전환하는 전략의 구멍

'젊은이들의 자동차 이탈'이라는 말을 듣고 자동차 산업은 이미 성숙기라고 생각하는 사람이 많다. 분명히 일본에서는 자동차 산업이 성숙기를 지나 쇠퇴기에 접어들었다. 그러나 세계 시장은 아직 성장 중이다. 그 이유는 바로 인구의 증가다.

유엔인구기금의 《세계인구백서 2013》에 따르면 2012년의 세계 인구는 71억 6200만 명이다. 인구가 가장 많은 나라는 중국으로 13억 8560만 명이며, 12억 5210만 명의 인도와 3억 2000만 명의 미국, 2억 4990만 명의 인도네시아, 2억 40만 명이 브라질이 그 뒤를 잇고 있다. 일본은 1억 2710만 명으로 제10위에 올라 있다. 세계 인구는 과거 50년 동안 12~15년마다 10억 명씩 증가했으며, 앞으로는 2025년에 81억 명, 그리고 2050년에는 96억 명에 이를 전망이다. 그 이후로는 증가세가 둔화되어 2100년에 109억 명이 될 것으로 예측되고 있다. 또 2010~2015년의 인구 증가율을 보면 아프리카 등의 후발 개발 도상국이 2.3퍼센트로 가장 높고 동남아시아와 인도, 오세아니아를 포함한 아시아 대양주는 1.9퍼센트이며 유럽과 미국, 일본 등의 선진국은 0.3퍼센트로 낮은 수치를 보이고 있다.

이러한 인구 동태에 비례해 세계의 자동차 판매 대수도 증가 추세에 있다. 국제자동차공업연합회에 따르면 자동차 판매 대수는 2009년의 리먼 쇼크로 한때 감소하기도 했지만 2010년에는 과거 최고치인 7466만 대에 이르렀고, 이어서 2011년에는 7808만 대, 그리고 2012년에는 8206만 대로 순조롭게 증가하고 있다. 지역별로 살펴보면 아시아와 중근동이 전체의 46.5퍼센트를 차지하고 있는데, 이 가운데 약 절반이 중국에서 판매되었다. 그다음은 러시아와 구 CIS 국가와 유럽 22.7퍼센트, 북아메리카 21.2퍼센트의 순서다.

이러한 상황 속에서 판매 증가율이 높은 곳은 신흥국인 BRICs(브라질, 러시아, 인도, 중국)와 동남아시아다. 다만 2013년에 들어선 뒤로 BRICs 각국에서 여러 가지 과제가 눈에 보이기 시작했다.

중국에서는 2012년의 센카쿠 열도(댜오위다오) 문제로 일본산 자동차 불매 운동이 일어나고 베이징, 상하이, 광저우 같은 연안부 도시에 각종 딜러가 난립하면서 증가세가 한풀 꺾였다. 또 PM-2.5(입

애플과 구글이 자동차 산업을 지배하는 날

자의 크기가 2.5밀리미터 이하인 초미세먼지—옮긴이)에 따른 대기오염 문제로 베이징에서 통행량이 규제됨에 따라 이것이 자동차 판매에 영향을 줄 것은 불을 보듯 뻔하다. 다만 앞으로는 서부 개발과 동북 진흥 등 내륙부의 경제 진흥 시책으로 새로운 자동차 수요가 발생해 "2020년에는 2012년의 1.5배에 해당하는 3000만 대 규모의 시장이 될 것"(일본계 자동차 제조회사의 중국 법인 사장)으로 예측되고 있다.

러시아에서는 미국의 셰일가스Shale Gas(진흙이 퇴적되어 생긴 암석〔혈암Shale〕층에 함유된 천연가스. 차세대 에너지로 주목받고 있다—옮긴이) 혁명 등의 영향으로 수출의 70퍼센트를 차지하는 석유와 천연가스의 가격이 하락하면서 경기가 얼어붙어 자동차 판매 증가세가 급속히 떨어지고 있다. 또 인도에서는 금리 상승과 연료가격 상승으로 자동차 판매 증가세가 한계에 달한 상태다. 한편 브라질은 부동산 버블과 할부판매 방식의 보급으로 자동차 판매가 호조를 보이고 있다. 이처럼 BRICs라고 해도 시장의 동향은 제각각인데, 중장기적으로 보면 시장은 더욱 성장하리라는 것이 각 자동차 제조회사들의 견해다.

앞으로 성장할 시장으로 주목받는 곳은 동남아시아다. 인구가 많은 인도네시아, 인프라가 잘 정비되어 있으며 일본계를 중심으로 자동차의 제조·수출 거점이 있는 태국, 전기자동차 등 차세대 자동차 시책에 적극적인 말레이시아, 그리고 자유경제로 이행함에 따라 신차 판매가 급증할 것으로 예상되는 미얀마 등 동남아시아에 거는 기대가 크다.

이렇게 해서 세계의 자동차 수요는 인구가 이미 정점을 찍은 선진국에서 인구와 경제 성장률이 높은 신흥국, 그리고 아프리카 국가 등 후발 개발도상국으로 이동하고 있다. 이것을 '패러다임 시프트'라고 부른다. 닛산의 예측에 따르면 선진국과 신흥국 및 개발도상국의 시장 비율은 2007년에 6 대 4였지만 2016에는 4 대 6으로 역전될 것이라고 한다.

이와 같은 패러다임 시프트에 대응한 세계 주요 자동차 제조회사의 사업 방침은 기본적으로 동일하다. 선진국에서는 고급차와 하이브리드 자동차HEV 등 부가가치와 가격이 높은 상품을 팔고, 신흥국과 개발도상국에서는 각 판매국의 수요에 맞춘 저가 자동차로 매출액을 늘린다는 전략이다.

그런데 여기에 차세대 텔레매틱스 전략의 구멍이 있다. 현재 자동차 제조회사 측은 다음과 같은 흐름을 생각하고 있다. 기본적으로는 차세대 텔레매틱스를 고급차부터 보급하기 시작한다. 물론 대중차에도 보급은 하지만, 일단은 미국 등 선진국에 국한한다. 신흥국에서는 전반적으로 천천히 움직이며, 개발도상국에서의 보급은 상당히 훗날의 일이 될 것이다. 그래서 HMI인 차량 탑재 기기 모니터의 경우 고급차에는 가로형이나 세로형의 2화면 또는 가로형의 대형 화면을 채용했다. 그리고 중급차에는 1화면, 대중차에는 화면이 없는 모델을 탑재할 생각이다. 물론 대중차의 경우 스마트폰을 카 내비게이션으로 사용할 것을 가정하고는 있지만, 차량 탑재 기기에 집착하

애플과 구글이 자동차 산업을 지배하는 날

는 자동차 제조회사가 많은 까닭에 스마트폰은 어디까지나 보조 수준이라는 인식이 강하다. 또 신흥국이나 개발도상국은 선진국보다 통신 인프라 정비 수준이 뒤처져 있어서 2G, 3G, LTE, 4G라는 진화 속도가 1~2단계 늦다는 현실을 감안하고 있다.

그러나 과연 자동차 제조회사의 생각처럼 진행될까? 최근 개발도상국에서는 저렴한 중국제 부품을 활용한 '100달러 스마트폰'의 판매량이 급속히 증가하고 있다. 조만간 아이폰이나 안드로이드 단말기, 나아가서는 노키아의 휴대전화 사업을 매수한 마이크로소프트가 저가 스마트폰 시장에 뛰어들 것은 분명하다. 그렇게 되면 스마트폰 카 내비게이션을 시작으로 차량 탑재 기기보다 스마트폰을 우선하는 차세대 텔레매틱스의 수요가 급격히 증가할 것이며, 그 여파는 당연히 과거 세대의 차량 탑재 기기를 장착한 중고차 시장에도 미칠 것이다.

선진국의 신형 자동차는 자동차 제조회사가 차세대 텔레매틱스 기술을 업데이트하기 쉽다. 그러나 잠재적인 자동차 수요가 큰 신흥국이나 개발도상국에서는 그 수법이 통하지 않는다. 요컨대 자동차 제조회사가 대응할 수 없는 커다란 구멍이 생긴다. 그리고 이 부분을 IT 기업이나 통신 인프라 기업이 공략하려 하고 있다.

성장 사업인데 소재고갈 상태

"자동차는 코모디티화(범용품화)되어 백색가전의 전철을 밟게 될 것이다."

이것은 학계나 컨설팅 회사가 입버릇처럼 하는 말이다. 그러나 필자의 견해로는 코모디티화 같은 양호한 수준이 아니라 극단적으로 말해 '소재고갈 상태'다. 이런 분위기는 최근 수년 동안 자동차 산업계에서 계속 느껴져 왔는데, 2014년 1월의 북아메리카 국제 자동차쇼(통칭 디트로이트 모터쇼)에서 현저히 드러났다. 디트로이트 모터쇼는 항상 그해의 세계 자동차 산업을 점칠 수 있는 행사로서 주목을 받아왔다. 그런데 2014년에는 취미성을 강조한 스포츠카만 많이 발표되었을 뿐 근미래의 자동차를 암시하는 콘셉트 모델은 전혀 없었으며, 전기자동차나 플러그인 하이브리드 자동차PHEV: Plug-in Hybrid Electric Vehicle 같은 차세대 기술을 적용한 자동차의 새로운 발표도 전무했다.

북아메리카 시장의 자동차 판매 대수는 2013년에 순조롭게 증가해 전체 수요가 리먼 쇼크 이전의 1500만 대 수준으로 회복되었다. 이런 시기이기에 자동차 산업계에나 소비자에게나 미래를 향한 로드맵이 필요하다. 그러나 안타깝게도 소재고갈 상태다. 일본계 자동차 제조회사의 간부는 "모든 회사가 구미에서 앞으로 더욱 엄격해질 연

애플과 구글이 자동차 산업을 지배하는 날

비 규제와 이산화탄소 배출량 규제에 대응하느라 정신이 없는 상황입니다. 게다가 대중차 제조회사와 고급차 제조회사 모두 다모델화로 가격대를 넓혀놓은 상태여서 새로운 세그먼트가 탄생할 여지가 없습니다"라고 말했다.

되돌아보면 1900년대 전반만 해도 자동차는 부유층이나 공공기관만이 소유할 수 있는 특별한 존재였다. 그러나 그 후 T형 포드의 등장으로 자동차의 대량생산 시대가 시작되었고, 제2차 세계대전 이후 호황을 맞이한 미국에서 자동차는 크고 화려하며 멋들어진 지위의 상징이 되었다. 그리고 이 흐름이 일본을 포함해 전 세계로 퍼져서 자동차 대국 미국에 대항 동경을 부채질했다.

그러나 1970년대 전반의 배기가스 규제와 석유 파동으로 소형차에 대한 수요가 높아지는 가운데 미국의 빅3가 소형차로 사업을 전환하는 데 실패하면서 미국산 자동차의 침체기가 시작되었다. 이것을 계기로 저공해 저연비의 일본 자동차가 세계 각지로 확산되었다. 그리고 1980년대 초반부터 버블기에 걸쳐 메르세데스–벤츠와 BMW, 아우디 등 유럽의 고급차 제조회사가 다모델 노선으로 방향을 전환했고, 1990년대부터 2000년대에 들어와서는 하이브리드 자동차와 전기자동차, 그리고 연료전지 자동차FCV: Fuel Cell Vehicle 등 차세대 연료 자동차의 양산 계획이 진행되었다. 또 같은 시기에 선진국에서는 렉서스와 인피니티, 아큐라, AMG, M, R 시리즈 등 고급 브랜드화가 활발하게 진행되었다. 그리고 BRICs의 대두로 각 지역의 수요에 맞춘 저가차의 현지 생산이 가속화되었다.

이와 같은 자동차 산업의 역사 속에서 각 자동차 제조회사들은 쾌적함과 고성능, 우월감, 안전성, 비용 대 성능 등을 놓고 개발 경쟁을 펼쳐왔다. 그리고 2010년대에 들어와 자동차 제조회사들이 의식하기 시작한 것이 '오버 퀄러티'다. 자동차의 기본 운동성능인 달린다·선회한다·멈춘다, 그리고 편안한 승차감의 판단 재료인 NVH_{Noise: Vibration and Harshness}(소음, 진동, 들썩거림)에 대한 대응은 소비자가 충분히 만족할 만한 수준에 이르렀다. 최고 속도라는 고성능의 척도도 아우토반에서 실질적인 순항 주행이 가능한 한계치인 시속 300~320킬로미터에 다다랐다. 차내 디자인도 저가차부터 고급차까지 다양한 옵션을 마련하고 나아가 시트와 도어 트림(도어의 내장) 등의 소재와 색을 구매자가 자유롭게 선택할 수 있게 되었다. 그리고 보디 디자인도 풍동 실험을 통한 데이터 분석이 고도화되고 충돌에 대한 규제도 표준화가 진행되었기 때문에 스포츠카에서 소형차까지 전부 비슷한 모양이 되었다.

이렇게 해서 자동차라는 상품은 개성을 잃어갔다. '소재가 고갈'되어 온 것이다.

또 하이브리드 자동차와 전기자동차, 연료전지 자동차 등 소위 '에코카'라고 불리는 차세대 자동차도 상품 홍보의 관점에서는 슬슬 소재고갈 단계에 접어들었다. 상황이 이렇다 보니 자동차 제조회사로서는 언론이 좋아하고 화제가 되기 쉬우며 나아가 중장기적인 기술

발전이 예상되는 '소재'가 필요했는데, 여기에 안성맞춤인 대상이 바로 '자동운전'이었던 것이다.

그러나 자동운전의 본질은 자동차 제조회사의 전통적인 상품 개발 사상과는 거리가 멀다. 자동운전은 자동차라는 상품 이미지의 수명을 연장하기 위한 방책이 아니라 차세대의 이동체는 어떤 모습일 것이냐는 질문에 대한 대답 중 하나다. 자동차 산업은 자동운전이라는 단계를 기점으로 전혀 다른 업태로 바뀌려 하고 있다. 그런데 자동차 산업계에 종사하는 거의 모든 사람의 머릿속에는 그런 인식이 전혀 없다. 이것이 자동차 산업계의 약점이다. 그리고 IT 기업과 통신 인프라 기업이 스마트폰과 클라우드를 앞세워 그 새로운 무대로 쳐들어온 것이다.

이와 같은 자동차 산업계의 실태를 알면 자동차 산업은 앞으로 급속히 쇠퇴하리라고 생각될 것이다. 그러나 앞에서 이야기했듯이 자동차 산업은 세계 인구의 증가와 함께 당분간은 계속 성장할 것이다. 제품으로서는 소재고갈 상태이지만 아직도 팔릴 여지가 있다는 모순된 상황이다.

그런데 이런 소재고갈과 시장 규모의 감소가 동시에 진행되고 있는 나라가 있다. 바로 일본이다.

일본의 국내 수요가 급감하고 있는 이유

IT 관련 기업이 참가하든 참가하지 않든 일본의 자동차 산업은 가까운 시일에 커다란 전환기를 맞이할 것이다. 자동차 제조회사의 실적은 엔화가 강세에서 약세로 전환되거나 일본에 황금알을 낳는 거위인 미국 시장이 회복되면 단숨에 호전된다. 그러나 이런 단기적인 경기의 영향과는 별개로 일본의 자동차 산업은 구조적인 문제를 안고 있다.

역사를 거슬러 올라가면 일본 국내 전체의 수요는 제2차 세계대전 이후 고도 성장과 함께 지속적으로 상승했다. 그리고 버블 붕괴 직후인 1990년에 연간 판매 대수가 777만 대로 정점을 찍은 뒤 감소세로 돌아서 2000년대에 600만 대 밑으로 떨어졌고, 최근에는 500만 대 선이 무너지려는 것을 간신히 저지하고 있는 상황이다.

다만 판매 총액은 계속 감소하고 있다. 승용차 수요에서 가격이 저렴한 경자동차의 판매 비율이 높아졌기 때문이다. 2012년의 전체 수요는 537만 대이고 이 가운데 승용차가 457만 대, 트럭이 79만 대, 버스가 1만 대인데, 승용차 수요의 34퍼센트에 해당하는 156만 대가 경자동차가 되었다. 가격이 싸고 연비가 좋으며 편리하고 세금 우대도 받을 수 있는 경자동차의 수요는 매년 높아져서 경자동차 분야

애플과 구글이 자동차 산업을 지배하는 날

의 강자인 스즈키Suzuki Motor Corporation와 다이하쓰Daihatsu Motor Co., Ltd.에 혼다와 닛산·미쓰비시 연합이 도전하는 구도다.

일본형 갈라파고스 상품인 경자동차 분야에서 박리다매 경쟁이 갈수록 치열해지고 경제적 이점이 많은 경자동차를 남녀노소가 구입한다. 고도 성장기에 도요타의 캐치 카피였던 '언젠가는 크라운(도요타의 고급 승용차 브랜드—옮긴이)'이 상징하는, 크고 멋진 자동차가 더 나은 생활을 실현한다는 시장성장 이론이 지금은 전혀 통용되지 않게 되었다. 그리고 2010년대 중반 이후 일본 국내 자동차 시장은 500만 대를 유지하기는커녕 400만 대, 나아가 300만 대 수준으로 급속히 축소될 것이다. 그 요인으로는 여러 가지가 있는데, 여기에서는 크게 네 가지를 소개하겠다.

첫째는 저출산 고령화다. 특히 고도 성장기에 청년기를 보내며 자동차를 동경의 대상으로 여겼던 단카이 세대(일본에서 제1차 베이비붐이 일어난 1947~1949년에 태어난 세대. 일본의 경제와 사회에 커다란 영향을 끼쳤다—옮긴이)가 자동차를 탈 수 없게 된다. 체력과 시력, 청력이 떨어져 운전을 삼갈 뿐만 아니라 도심부와 그 주변부는 대중교통이 잘 갖춰진 까닭에 굳이 자가용을 탈 필요가 없다. 또 대중교통이 잘 갖춰지지 않은 지역에서도 NPO를 포함한 지역 지원 활동이 활발해져 고령자가 직접 운전하지 않는 사례가 늘어날 것이다.

둘째는 자동차의 내구성 향상이다. 고장이 나지 않으니 굳이 차를 바꿀 필요가 없어진다. 또 앞에서도 이야기했듯이 자동차라는 상품은 소재가 고갈되었기 때문에 마이너 체인지나 풀 모델 체인지를 해도 차를 바꿔야겠다는 생각이 들만한 매력이 없어지고 있다.

셋째는 지방 경제의 황폐화다. 이 원고를 집필하는 시점에서는 아직 아베노믹스(제2차 아베 내각이 실시하고 있는 일련의 경제정책의 통칭. 아베와 이코노믹스를 조합한 신조어다—옮긴이)가 지방 경제 활성화에 뚜렷한 성과를 보이지 못하고 있다. 이런 상황이 계속되면 원래 자동차 사회여야 할 지방도시에서조차도 신차 구매 수요가 눈에 띄게 저하될 것이 분명하다. 안 그래도 딜러의 신차 판매 수익률이 저하되고 있는데 신차가 팔리지 않게 되면 딜러의 경영 상황은 더욱 어려워질 것이다.

그리고 더욱 심각한 문제도 일어나고 있다. 지방도시의 가정에 면허를 따지 못하는 젊은이가 늘고 있다는 사실이다. 간사이권의 중견 카 딜러 체인의 관계자에 따르면 기존 고객 가운데 집안이 어려워진 탓에 자녀의 운전교습소 비용을 내지 못하는 가정이 있다고 한다. 원래 이 지역에서는 고등학교를 졸업하면 축하 선물로 운전교습소에 보내주는 것이 전통이었다. 다만 2013년 현재 각 지방 자치구의 경찰 본부가 발표하는 면허 취득률 데이터에는 이와 같은 '운전면허가 없는 젊은이의 증가' 현상이 표면화되지 않고 있다. 또 면허는 취득했지만 자동차 구입비와 유지비를 부담할 능력이 안 되는 젊은이가 늘고 있으며, 출퇴근이나 등하교에 대중교통 또는 전동 자전거를 이용하는 젊은이도 증가하고 있다.

판매 호조인 경자동차의 수난

　내수 감소의 네 번째 이유는 경자동차세와 차량 규정 재검토의 영향이다. 정부는 2013년 12월 발표한 세제 개정안에서 2015년에 폐지되는 자동차 소득세를 대체하기 위해 경자동차세를 증세하기로 결정했다. 승용 사륜 경자동차의 경우 현행의 7200엔에서 50퍼센트 증가한 1만 800엔이 된다. 또 환태평양경제동반자협정TPP 교섭과 병행해 진행되고 있는 미·일 양국 간 협의에서 미국은 일본에 차량 안전 기준, 배기가스 규제 기준, 그리고 차세대 자동차 등의 보조금 설정을 재검토할 것을 강하게 요구하고 있다. 사실 이와 같은 미국의 요구는 매우 부자연스럽다. 애초에 국제사회에서 차량의 안전 전반과 충돌 안전, 브레이크와 주행장치, 배기가스와 에너지, 소음, 램프의 기준 협의는 유엔유럽경제위원회UNECE의 자동차 기준 조화 세계 포럼에서 논의되어야 한다. 또한 일본이 독자적으로 실시하고 있는 보조금 정책에 이러쿵저러쿵하는 것은 내정 간섭이다. 여기에 다른 시각에서는 미국의 외압을 이용해서 '경자동차를 눈엣가시로 생각하는' 일본의 일부 세력이 경자동차 규정의 철폐를 획책하고 있다는 생각도 든다.

　이와 같은 상황에 대해 '미스터 경자동차'라고 불리는 스즈키의 스즈키 오사무鈴木修 회장 겸 사장은 2013년 봄 이후 다양한 자리에서 "미국이 TPP 교섭에서 경자동차를 거론하는 것은 견강부회다. 경자동차는 TPP와 전혀 상관이 없다"라고 주장해왔다. 또 2013년 말에 도쿄 도내에서 개최된 다목적 경자동차 '허슬러HUSTLER'의 발표회에서 "정부가 월례 경제 보고서에서 4년 2개월 만에 디플레이션이라는 문구를 삭제했습니다. (그런 상황을) 실감하는 부분이 있습니까?"라는 NHK 기자의 질문에, 먼저 일본 경제 전체가 아니라 경자동차 사업에 한정된 이야기라고 전제한 다음 "이미 짐작하고 계시겠지만 (2014년 4월의 소비세 8퍼센트, 2015년 4월의 경자동차세 인상, 2015년 10월의 소비세 10퍼센트 가능성 등을 감안할 때) 매우 심각한 사태를 맞이했다고, 현시점으로서는 그렇게 생각하고 있습니다"라고 대답했다.

이처럼 경자동차에 가혹한 상황이 계속되면 경자동차가 라이프라인인 지방도시나 중산간 지역의 고객층을 제외하고 유지비가 저렴해서 경자동차를 샀던 주부층 등은 경자동차를 포기할 가능성이 있다.

자동차의 국내 제조가 사라지는 날

저출산 고령화, 신차의 내구성 향상, 젊은이들의 자동차 이탈 등의 요인으로 일본 국내시장은 축소될 것이다. 그러면 일본 국내에 있

애플과 구글이 자동차 산업을 지배하는 날

는 자동차 제조 거점의 가동률은 당연히 떨어질 것이며, 어느 일정선을 넘어서면 공장 폐쇄라는 경영 판단을 내릴 수밖에 없게 된다.

이것은 언제 어떻게 일어날까? 이 문제를 생각하기 위해 먼저 일본 국내 자동차 제조회사의 소재 분포를 확인하고 넘어가자. 일본 자동차 산업의 중심지는 아이치 현 동부의 히가시미카와다. 이곳에는 도요타와 도요타 산하의 부품 제조회사인 덴소, 아이신AISIN SEIKI Co.,Ltd 등이 모여 있다. 또한 미쓰비시 자동차MITSUBISHI MOTORS CORPORATION의 연구개발과 제조 거점도 있으며, 지리적으로 가까운 시즈오카 현 하마마쓰 시의 스즈키 관련 기업과도 거래가 활발하다. 일본의 인구가 집중되어 있는 간토권에서는 가나가와 현에 닛산이, 사이타마 현에 혼다가, 군마 현에 스바루와 이스즈Isuzu Motors Limited 그리고 미쓰비시 후소Mitsubishi Fuso Truck and Bus Corporation가 주력 거점과 연구개발 시설을 두고 있다. 도치기 현에는 닛산과 혼다가 테스트 코스를 포함한 연구개발 거점을 마련했다. 간토 이북을 살펴보면 센다이 북부와 이와테 현 남부에 간토 자동차Kanto Auto Works, Ltd.와 센트럴 자동차CENTRAL MOTOR CO.,LTD., 도요타 자동차 도호쿠가 2011년에 합병한 도요타 자동차 동일본이 있다. 또 간사이권에서는 교토에 미쓰비시와 다이하쓰, 오사카에 다이하쓰가 있고, 산인산요 지방에는 오카야마 현에 미쓰비시, 히로시마 현과 야마구치 현에 마쓰다가 있다. 그리고 아소 와타루麻生渡 전 후쿠오카 현지사가 강력하게 추진한 '북 동 규슈 150만 대 생산 거점 계획'의 영향으로 도요타와 닛산, 다이하쓰가 후쿠오카 현과 오이타 현에 대규모의 최신예 생산 체제를 건설하고 있다.

이처럼 일본의 자동차 산업은 태평양 쪽에 집중되어 있다. 이것은 정부의 대형 공업지대 개발 계획과 관련이 있다. 중근동과 아프리카, 북아메리카, 동남아시아, 오스트레일리아 등지에서 원유와 천연가스, 철광석 등 공업품용 재료를 수입할 때 태평양 쪽으로 항로를 만드는 쪽이 더 편리하다. 철판과 수지 제품 등의 생산공장도 수입항 주변에 많다. 그리고 제품을 수출할 때도 태평양 쪽의 항구가 유리하다.

일본 국내의 자동차 생산 대수는 2012년에 994만 2711대였는데, 이 가운데 48.3퍼센트에 해당하는 480만 1191대가 태평양 쪽의 항구에서 수출되었다. 수출 지역을 살펴보면 가장 큰 비중을 차지하는 곳은 39.3퍼센트의 북아메리카이고, 다음은 17.7퍼센트의 유럽이며, 11.9퍼센트의 아시아와 11퍼센트의 중근동이 그 뒤를 잇는다.

이와 같은 구조 속에서 일본 국내의 수요는 앞으로 계속 감소할 것이다. 따라서 팔리지 않는 곳에서는 만들지 않게 되며, (일본 자동차가) 잘 팔리는 곳인 미국과 동남아시아에서는 현지 생산이 확대될 것이다. 특히 미국 수출을 위해 생산비용이 저렴하고 북아메리카 자유무역협정의 혜택을 누리는 멕시코에서의 생산량이 증가할 것이다. 이처럼 내수가 얼어붙고 해외 생산이 증가하는 상황에서는 당연히 일본 국내의 생산 거점을 유지할 이유가 없어진다.

이러한 위기의식을 가장 강하게 품고 있는 곳은 닛산이다. 닛산은 원가절감주의자인 카를로스 곤Carlos Ghosn 체제가 된 직후 계열의 부품 제조회사를 재검토하고 일본의 자동차 제조회사 중에서는 처음으로 구매비용의 정밀 조사를 시작했다. 주력 거점도 과감하게 교체했다. 2009년에는 도쿄 긴자의 본사 사옥을 매각하고 2010년에 요코하마 미나토미라이 지구로 이전했다. 2006년에는 미국의 로스앤젤레스 교외에 있었던 영업개발본부를 테네시 주의 생산 거점 근처로 전면 이전했다. 또 2011년에는 고급 승용차 브랜드 '인피니티'의 본부를 요코하마 본사에서 홍콩으로 이관했다.

한편 도요타와 스즈키, 마쓰다, 스바루는 각각의 지역을 대표하는 기업이기 때문에 공장 폐쇄는 '그 지역 경제의 사망'을 의미한다. 그래서 이 기업들은 무슨 일이 있어도 지역 경제를 지키겠다는 생각이 강하다. 그러나 시간 차이는 있을지언정 전체적으로 보면 일본의 각 자동차 제조 거점은 이런저런 사정으로 축소되다가 결국은 문을 닫을 수밖에 없게 될 것이다.

일본의 자동차 제조회사를 떠나는 기술자들

일본의 자동차 제조회사에는 높은 뜻을 지닌 기술자가 많다. 그런데 최근에는 '나는 언제까지 여기에 있을 수 있을까?'라는 불안감을 느끼는 기술자도 많다. 이 경우의 '여기'는 '일본' 또는 '자동차 제조회사'를 가리킨다.

앞에서도 이야기했듯이 일본 국내시장이 축소되어 제조 거점의 규모가 줄어들다 결국 폐쇄되는 사태에 이를 경우, 일본 국내에서 판매되는 일본 자동차는 해외에서 생산된 수입자가 된다. 이미 닛산의 '마치MARCH'나 미쓰비시의 '미라주MIRAGE' 같은 저가 모델은 전량이 해외에서 수입되고 있다. 앞으로는 미니밴이나 경자동차 등 일본 국내에서 잘 팔리는 차종이 해외 수입의 대상이 될 것이다. 어느 자동차 제조회사의 인기 경자동차를 담당하는 수석 엔지니어는 "(1달러 100엔에 가깝게 엔화 약세가 진행된) 현시점에서도 경자동차는 동남아시아 등지에서 생산해 수입하는 편이 확실히 비용이 적게 들어갑니다"라고 귀띔해줬다.

이렇게 해서 제조 거점이 일본 국내에서 외국으로 이전되면 현지·현물·현지인화가 더욱 진행될 것이다. 부품은 처음에는 일본계 부품 제조회사의 현지 법인에서 수입하겠지만, 서서히 현지 기업으로 이동할 것이 분명하다. 일본의 자동차 산업계에서는 이런 100퍼센트 현지 자본의 기업을 '퓨어(순수한) 현지 기업'이라고 부른다. 인재의 현지 조달은 처음에는 조립공원 등의 현장 노동자부터 시작해 관리직으로 확대된다. 기술자는 현지의 도로 환경이나 생활 풍습 등에 맞추는 현지화Localize 영역이 제1단계다. 최근에는 현지에서 상품을 기획하고 현지에서 설계하는 수준까지 올라왔다. 이렇게 되면 일본 기술자의 근무 형태는 현지 부임에서 출장이 되고, 언젠가는 일본에 있으

애플과 구글이 자동차 산업을 지배하는 날

면서 화상회의에서 조언 정도를 해주는 역할에 그칠 것이다. 어느 일본계 자동차 제조회사의 신흥국 연구개발 거점에서 일하는 간부는 이런 말을 했다.

"솔직히 일본의 젊은 사원은 자아가 강해서 다루기가 어렵습니다. 그에 비해 현지에서 고용한 기술자들은 이쪽에서 하는 말을 순순히 듣지요. 그들은 자신의 꿈을 분명하게 가지고 있고 발전 욕구가 강해서 무엇이든 배우려 합니다. 마치 제 젊은 시절을 보는 기분입니다."

경제가 성장하는 과정에 있는 신흥국에서는 당연히 이런 젊은이의 의욕이 커진다. 일본인 자동차 기술자에게는 앞으로 시련의 시대가 찾아올 듯하다.

또 차세대 텔레매틱스 분야에서는 일본계 기업에서 인재가 성장하지 못하고 있다. 자동차 업계에서는 옛날부터 엔진과 차체 설계가 자동차 엔지니어의 꽃이어서 텔레매틱스에 좋은 인재가 들어오지 않는 경우가 많다. 그런 탓에 외부에서 인재를 찾게 된다. 그런데 이것이 순조롭지 않은 상황이다. 필자가 아는 범위에서는 전기기기·컴퓨터 제조회사에서 자동차 제조회사의 IT 부문으로 이직한 사람 대부분이 5~10년 안에 자동차 산업계를 떠나고 있다. '내가 있을 곳이 사라졌다' '윗사람이 알아주지 않는다' '의사결정이 느리다' 등 자동차 제조회사의 사내 체제에 의문을 품으면서 그만둔다.

일본계 자동차 제조회사는 지금 차세대 자동차 산업구조에 걸맞은 인재를 육성해야 하는 숙제를 안고 있다.

잃어버린 20년의 폐해

과거에 일본 자동차 제조회사의 기술자들은 엔진 설계를 최고로 여겼다. 자동차의 심장부인 엔진이 자동차의 가치를 결정했다. 그래서 사내에서는 엔진의 설계가 끝나면 차체 설계 담당자에게 "어이, 차체쟁이. 이 엔진에 맞는 차체를 만들도록 해", 엔진과 차체가 결정되면 디자이너에게 "이봐, 그림쟁이. 뭔가 멋들어진 보디를 만들어 봐"라는 대화가 오갔다. 너무 폭력적인 말투라서 과장이 아니냐고 생각하겠지만 사실이다. 정년퇴직한 자동차 기술자들에게 직접 들은 이야기다.

당연한 말이지만 지금은 어느 회사도 이렇게 주먹구구식으로 자동차를 만들지 않는다. 또 기업 컴플라이언스(법령 준수)의 사내 도덕성이라는 관점에서, 나아가 권력을 이용한 괴롭힘이라는 관점에서도 이런 말투가 용납되지 않을 것이다. 다만 당시의 자동차 제조회사에서 이런 식의 대화가 오갔다고 해서 인간관계가 나쁘지는 않았다. 더 빠른, 더 쾌적한, 더 호화로운 자동차를 더 많이 팔기 위해 모두가 하나가 되어 열심히 달렸다. 조금 거친 말씨는 기술자의 자사 제품에 대한 긍지이기도 했다. 그런 에너지가 기업을 성장시켰고, 젊은이들 사이에서도 들어가고 싶은 기업으로 인기를 끌었다. 이것이

애플과 구글이 자동차 산업을 지배하는 날

1980년대부터 1990년대 초반, 버블 붕괴 전후까지의 흐름이다.

그 후 2010년대에 이르기까지 이른바 '잃어버린 20년'이 자동차 제조회사의 인재 파워를 서서히 약화시켰다. 마케팅 주도형의 '지나치게 고객의 눈치를 보는 상품'이나 '황금알을 낳는 거위인 미국이 좋아할 만한 상품', 그리고 '사내에서 자신의 입지를 약화시키지 않기 위한 소위 정상 진행이라고 부르는 보수적인 상품'이 두드러지게 증가했다.

"20~30년 전에 우리가 갓 입사했을 무렵의 마음가짐으로 돌아가야 합니다." 최근에 자동차 제조회사에서 기술이나 디자인 부분을 총괄하는 40대 중반에서 50대의 관리직과 비공식적으로 대화를 나누다 보면 이런 말을 자주 듣게 된다. 그들은 고도 성장기에 화려했던 자동차 산업을 동경하며 입사한 세대다. 그런 까닭에 자동차 마니아가 많다. 그런데 그다음 세대, 즉 현재 30대의 입사 동기를 보면 '자동차 제조회사는 안정된 직장이라서'라는 경향이 강하다. 현재의 일본계 자동차 제조회사는 40~50대의 마지막 자동차 마니아 세대가 이끌고 있는데, 여기에서 문제가 발생하고 있다. 어디까지나 필자의 느낌이지만, 이 세대 사람들 그리고 50대 중반에서 60대의 경영진은 전기 계열을 싫어하는 사람이 많은 듯하다. 애초에 자동차 제조회사는 기계 제조업이며, "전기 쪽은 잘 못해서 기계 쪽으로 왔다"라고 말하는 이공학부·공학부 기계공학과 출신자가 많다. 그러나 자동차 산업은 지금 동력장치의 전동화와 차세대 텔레매틱스의 급전개라는 현실에 직면했다. 그들로서는 '자신이 동경하던 자동차 제조와는 전혀 다른 영역의 영향력이 커져서 곤란하기 짝이 없다'는 것이 본심이리라. 특히 차세대 텔레매틱스에 관해서는 문외한이나 마찬가지인 사람도 많다. 그런 탓에 "텔레매틱스는 젊은이들에게 맡겼다"라고 발뺌한다. 또는 차세대 텔레매틱스 관련 인재를 도중 채용해도 전기 계열과 기계 계열의 의견을 끝까지 좁히지 못하는 경우가 많다.

이와 같은 자동차 제조회사의 일그러진 사내 구조는 IT 기업이 자동차 산업에 끼어들 기회를 주고 있다.

자동차 제조회사의 '마켓 인' 전략의 오산

자동차 제조회사는 장기간에 걸쳐 갑의 위치에서 장사했다. '좋은 제품을 만들면 팔린다' 또는 '새로운 이미지의 자동차를 만들면 팔린다'는 개념이 정착해 있었다. 이것은 그야말로 기업의 사정을 우선한 '프로덕트 아웃(기업이 상품을 개발하고 생산할 때 자신들의 논리를 우선하는 방식—옮긴이)'이다. 자동차 제조회사는 자신들을 유행 창조자라고 생각했다. 모터쇼라는 무대에서 "이것이 앞으로 유행할 자동차다!"라고 대대적으로 홍보하면 그것을 언론이 부채질해 고객의 구매의식을 높였다. 이런 프로덕트 아웃 사상은 지금도 뿌리 깊게 박혀 있다.

그러나 앞에서도 이야기했듯이 자동차 개발의 소재가 고갈된 뒤로는 기업의 마음대로 만들어서 파는 방식은 통하지 않게 되었다. 고객이 "그런 것까지는 필요 없어"라며 단호하게 거부하는 시대가 되었다. 그래서 최근 들어 세계의 자동차 제조회사들은 '고객의 목소리를 더 귀담아듣자'는 자세를 강화하고 있다. '뭘 인제 와서 새삼스럽게?'라든가 '그렇다면 지금까지는 듣지 않았단 말이야?'라는 생각이 들게 하는 이런 행동의 이면에는 자동차 제조회사와 딜러 사이에 정보 교환이 제대로 이루어지지 않고 있다는 실정이 있다.

필자는 여러 자동차 제조회사의 상품 기획에도 관여해왔는데, 고객의 목소리가 기업에 제대로 전달되는 경우는 거의 없었다. 이것은 카 딜러가 고객 정보를 제조회사에 제공하고 싶어 하지 않기 때문이다. 자동차 제조회사와 딜러 사이에 이와 같은 구태의연한 관계가 계속되는 가운데 고객들은 블로그나 SNS 등을 이용해 자신이 소유한 자동차에 대한 비판과 정보 교환을 활발히 하게 되었다. 그러자 이와 같은 고객의 움직임에 자동차 제조회사가 허둥지둥 대응하고 있는 것이 현재의 실정이다.

이런 상황 속에서 세계의 자동차 제조회사들은 상품 기획의 상당히 이른 단계에서 고객의 의견을 도입하는 마케팅 수법을 검토하고 있다. 현재 자동차 제조회사가 개발 중인 차량을 고객이 처음 볼 수 있는 단계는 '포커스 그룹'이다 불리는, 상산 체계를 거의 갖춘 시작 차량에 대한 의견 청취 과정이다. 포커스 그룹은 마케팅 전문 기업이 일반 공모 등을 통해 모집한 모니터에게 회사명과 모델의 로고를 감춘 양산 시작 차량의 외관과 차내 인테리어를 보여주고 미리 준비해 놓은 설문에 대답하게 하는 방식이다. 설문에 응한 참가자는 보수를 받는다.

또한 각 회사는 다음과 같은 고객 마케팅도 검토하고 있다. 도시 중심부나 교외 주택지 등 특정 장소에 사람들을 모아놓고 '어떤 이미지의 자동차를 원하는가?'라는 의견을 수집한다. 카 디자이너가 그린 스케치를 보면서 "여기를 좀 더 이렇게 고치는 편이 좋지 않을까요?"와 같은 고객의 의견을 적극 들으면서 토론하는 것이다. 이렇게 해서 지금까지 자동차 제조회사의 상품 기획 담당자가 담당했던 프로세스에 고객이 참여할 가능성이 생겼다.

각 자동차 제조회사는 콘셉트 모델 등 특정 차량부터 이런 '마켓인(고객의 시점에서 상품을 기획, 개발해 제공하는 방식—옮긴이)' 수법을 실용화한다는 계획이다. 그 한 예가 닛산이 2013년 11월의 도쿄 모터쇼에 출품한 'IDx'다. IDx는 폭넓은 세대가 탈 수 있는 스포츠카로, 그 외관은 과거에 어딘가에서 본 듯한 분위기의 융합체가 되었다. 1970년대의 '스카이라인 GT-R$_{SKYLINE GT-R}$'과 1990년대의 'S14형 실비아$_{Silvia}$' 등 닛산의 인기 차종의 이미지가 겹쳐 보인다. 인테리어도 디지털이 아니라 아날로그의 느낌이 강하다. 디자인을 담당한 닛산의 디자이너는 "스마트폰으로 대표되듯이 앞으로의 일반 제품은 짧은 기간에 빠르게 진화할 것입니다. 그런 풍조 속에서 외관 디자인과 실내

애플과 구글이 자동차 산업을 지배하는 날

2013년의 도쿄 모터쇼에서 IDx를 소개하는 카를로스 곤 CEO. 이 차는 1990년 이후 태어난 세대를 타깃으로 개발되었다.

인테리어 역시 결국은 시간이 지나도 구식으로 보이지 않는 조형이 선호될 것으로 생각합니다"라고 말했다. 그러나 그의 말도 결국은 소재고갈의 또 다른 표현이라고 할 수 있을 것이다.

이와 같은 자동차 제조회사의 '마켓 인'은 결국 자동차의 멀티박스화를 가속시킬 것으로 생각된다. 고객은 2도어 쿠페, 4도어 세단, 미니밴 등 박스를 선택하고 그 안에서 자신만의 공간을 연출한다. 그 연출의 입구가 되는 것이 차량 탑재 장치와 연계하는 스마트폰과 같은 정보 단말기다. 그리고 그 정보 단말기의 아이콘이 되는 애플리케이션에 대해서노 사동사 세조회시는 포드의 차량 탑재 기기용 애플리케이션 스토어인 '앱링크'에서 볼 수 있듯이 고객에 가까운 위치의 개발자를 통한 '마켓 인'을 실시하고 있다.

이상과 같이 '프로덕트 아웃'에서 '마켓 인'으로 전환하는 움직임이 야말로 자동차 제조회사의 약점을 노출하고 제품 개발의 중핵을 IT 산업에 빼앗길 틈을 제공할 수 있다.

스마트폰과 자동차의 상품주기 차이

"IT 기업과 같은 테이블 위에서 개발하기는 결국 어렵다."

자동차 제조회사나 부품 제조회사가 차세대 텔레매틱스에 관해 토론하면 반드시 이 말이 나온다.

그 원인은 자동차와 IT 기기의 상품주기 차이에 있다. 자동차의 상품주기는 아무리 짧아도 5~6년이다. 이에 비해 스마트폰은 1~2년, 애플리케이션은 수개월에 불과하다. 그러므로 차세대 텔레매틱스에서도 차량 탑재 기기가 주역의 자리를 지키고 스마트폰 등의 정보 단말기는 보조역이 될 수밖에 없다. 이것이 자동차 제조회사 측의 주장이다.

자동차 제조회사의 신차 개발 사이클은 1980년대까지는 8년 정도였다. 그런데 시장의 경쟁이 치열해지면서 6년 주기가 되어갔다. 일본에서는 이 6년의 중간인 3년째에 마이너 체인지를 한다. 판매가 부진한 모델일 경우는 '빅 마이너(체인지)'라고 해서 프런트와 리어 주위의 디자인을 대폭 변경할 때도 있다. 미국에서는 2014년 모델, 2015년 모델 같은 식으로 매년 디자인이나 실내 장비품을 조금씩 변경한다. 그래서 풀 모델 체인지도 연차 모델의 하나로 인식한다.

신차에 대한 부품 구매 계약도 이 6년 주기와 연동하기 때문에 신차를 개발할 때는 그전의 마이너 체인지 시기, 즉 약 3년 전이 부품 구매 품목이 바뀌는 전환점이 된다. 그래서 2013년 후반에 갑자기 화제를 모은 자동운전 기술에 관해 같은 시기 독일의 거대 부품 제조회사인 콘티넨탈이나 일본의 국토교통성이 제시한 실용화 로드맵을 보면 2013년 말부터 3년 뒤인 2016~2017년경이 1단계, 그로부터 3년 뒤인 2020년경이 2단계로 되어 있다. 요컨대 자동운전은 IT 기술의 급속한 진화와 연동하는 것이 아니라 어디까지나 자동차 산업의 구태의연한 상품주기 속에서 논의되고 있다. 차세대 텔레매틱스이든 무엇이든 결국은 자동차에 사용하는 것이므로 최종 생산자인 자동차 제조회사의 의사결정권이 가장 강하다. 그러므로 3년, 6년, 9년이라는 상품주기는 지켜질 수밖에 없다. 자동차 산업계는 이렇게 믿고 있다.

이런 필자의 견해를 뒷받침하는 데이터가 있다. 텔레매틱스 재팬(2013년 10월, 도쿄 힐튼호텔)의 사전 등록 참가자를 대상으로 실시한 설문조사 결과다. 삼가사 중에는 일본계 자동차 제조회사, 자동차 부품 제조회사가 많다. 필자는 이 설문을 바탕으로 텔레매틱스 재팬

콘퍼런스에서 단상에 오를 자동차 제조회사, 전기기기 제조회사, 미국계 IT 기업의 관계자를 인터뷰하고 주최자인 영국 FC 비즈니스 인텔리전스_FC Business Intelligence와 함께 그 결과를 보고서로 정리했다.

이 설문조사에서는 예를 들어 IT 산업이 일본의 자동차 산업계에 강한 영향력을 행사한다는 의미에서의 '수평·수직 IT 서비스의 통합'이 일본 시장에서 실현될 시기를 묻는 질문에 절반에 가까운 41.3퍼센트가 '3~5년 사이'라고 대답했으며, 이어서 '현재로서는 실현이 어렵다'는 대답이 28.3퍼센트, '1~2년 사이'가 26.1퍼센트였다. 한편 '올해(2013년) 안에 실현 가능하다'고 대답한 사람은 4.3퍼센트에 머물렀다. 이것만 봐도 차세대 텔레매틱스에 대한 자동차 산업 측의 보수적인 자세를 분명히 알 수 있다.

카 내비게이션 대국 일본을 붕괴시킬 정책

차세대 텔레매틱스에서 중요한 위치를 차지하는 것이 지도 정보다. 오랫동안 '닫힌 루프'였던 자동차는 클라우드를 매개체로 통신 네트워크와 이어지게 되었는데, 이에 따라 자차의 위치와 이동 상황의 정보가 꼭 필요해졌다. 위치를 특정하는 방법으로는 위성 위치측정과 와이파이를 이용한 위치판정 등의 수법이 있는데, 그 바탕에는

애플과 구글이 자동차 산업을 지배하는 날

반드시 지도가 있어야 한다.

일본의 기본적인 지도는 국토교통성의 산하 기관인 국토지리원이 만들고 있다. 국토지리원이 공개한 자료를 보면 '측량법에 의거해 측량의 기초가 되는 위치 정보(위도, 경도, 높이)를 제공하는 국가 기준점 체계를 정비한다'고 나와 있다. 국가 기준점으로는 수평 위치의 기준이 되는 삼각점을 전국 10만 곳 이상에 설치하고 GPS를 포함한 GNSS를 이용해 위치를 측정하는 전자 기준점을 전국에 걸쳐 약 20킬로미터 간격으로 합계 1240곳에 설치했다. 국토지리원은 이들 기준점의 지각 변동에 따른 위치 변화와 천체로부터 전파를 수신해서 측량하는 VLBI(초장기선 간섭 관측법) 등을 이용해 2만 5000분의 1의 지형도를 바탕으로 한 기반 지도를 작성했으며, 최근에는 지형도에 항공사진과 지명 정보를 덧씌운 전자 국토 기본도도 공개했다.

한편 젠린Zenrin Company, Limited, 쇼분샤Shobunsha Publications, Incorporated, 홋카이도 지도Hokkaido-Chizu Co.,Ltd., 나이가이 지도NAIGAI MAP PRODUCTION INC. 등 민간 지도 기업은 이와 같은 지도 데이터를 입수하고 여기에 자사의 독자적인 데이터를 가미해 오리지널 상품으로 판매하고 있다. 판매 형태를 살펴보면 가령 쇼분샤는 자사의 출판물인 관광 정보책《맵플まっぷる》, 웹사이트 사업인 'MAPPLE 관광 가이드', 모바일 단말기용 관광 콘텐츠 서비스, 그리고 카 내비게이션 제작자용 데이터와 콘텐츠 기획 판매가 있다. 카 내비게이션용 지도 데이터 시장에서는 젠린이 최고 강자이며, 그밖에 파이오니아의 계열사인 인크리멘트 PINCREMENT P CORPORATION

가 있다. 그러나 최근에는 차량 탑재형 카 내비게이션의 가격이 점점 내려가고 스마트폰 카 내비게이션이 증가하면서 지도 데이터의 판매가 감소하고 있다. 젠린은 2013년 9월 중간기 결산에서 2억 엔의 적자를 계상했다.

애초에 카 내비게이션용 지도는 제작 단가가 높다. "예전에는 우리 회사도 사업을 했지만 높은 갱신 빈도와 그 비용을 감당할 수가 없어서 철수했습니다."(홋카이도 지도 관계자) 또 젠린의 경우는 세밀한 지도 제작을 모토로 조사원이 현지 조사를 거듭하며 지도 정보를 갱신해왔는데, 카 내비게이션 사업은 그런 아날로그적인 인해전술로는 적자가 날 수밖에 없다.

일본계 자동차 제조회사는 오랜 기간에 걸쳐 덴소와 클라리온, 파나소닉, 후지쓰 텐, 파이오니아, 알파인, 보쉬 등의 제안에 따라 카 내비게이션을 구입해왔다. 판매 형태는 딜러 옵션인 경우가 많았고, 딜러로서는 고가에 수익성이 좋은 효자 상품이었다. 카 내비게이션에 들어 있는 지도 정보 콘텐츠의 내용은 카 내비게이션 제조회사와 민간 지도 기업이 협의해서 계약했다. 그런 차세대 텔레매틱스로 이행이 진행되는 가운데 자동차의 상품 기획 초기 단계부터 카 내비게이션을 포함한 차량 탑재 기기 통신장치와 HMI의 형태가 자동차 제조회사의 사내에서 협의되었다.

그런 상황 속에서 도요타에는 젠린으로부터 구입한 지도 데이터에 자사의 정보 데이터를 넣는 도요타 맵마스터 TOYOTA MAPMASTER INCORPORATED

가 있다. 또 혼다는 젠린의 지도를 바탕으로 알파인과 공동 개발한 지도 데이터 시스템 MBA 포맷을 채용했다.

앞으로 일본 국내의 카 내비게이션용 지도 정보 서비스 사업은 종래의 민간 지도 기업의 사업 규모와 인재력으로는 '감당이 안 되는 영역'이 늘어날 것이다. 1장에서 소개했듯이 노키아와 톰톰, 구글의 3대 세력이 3D맵화를 진행하고 자동차의 동력·운동성능을 관리하는 CAN까지 간섭하고 있기 때문이다.

민간 지도 기업에는 커다란 과제가 하나 더 있다. 정부가 추진하고 있는 지도 데이터의 오픈소스화 계획이다. 이것은 2010년 5월에 민주당 정권의 IT 전략본부가 세운 '새로운 정보통신기술 전략', 2014년 7월의 '전자행정 오픈 데이터 전략'을 바탕으로 '일본 재생 전략'과 '일본 재생 가속 프로그램'으로 일본 내각에서 결정된 것이다. 그리고 자민당 정권에서는 2013년 6월에 '세계 최첨단 IT 국가 창조 선언'으로 내각에서 결정되었다.

여기에는 지방자치단체가 관리하고 있는 도로나 산림의 지도 정보, 그리고 수도와 전기, 가스 등 공공 인프라망의 정보가 포함되어 있다. 이미 시즈오카 현 등 몇몇 지방자치단체가 독자적으로 지도 정보 등을 공개하기 시작했다. 그리고 이런 세상의 흐름을 민감하게 감지한 벤처기업이 새로운 비즈니스 기회를 노리고 있다.

지도 벤처기업이 성장하는 것은 기쁜 일이다. 그러나 기존의 민간 지도 기업과 카 내비게이션 제조회사, 그리고 자동차 제조회사로서는 '카 내비게이션 대국 일본'의 차세대화의 방향성을 명확히 발견하지 못한 현재 상황에서 정부가 추진하는 지도의 오픈소스화는 카 내비게이션 대국 일본을 붕괴시킬 위험성이 있다.

현재는 일본의 지도를 젠린으로부터 구입하고 있는 구글이나 1장에서 소개한 3D 지도 'HERE'로 세계 표준화를 지향하고 있는 노키아 등이 일본의 지도 오픈소스화를 최대한으로 이용할 가능성도 있다. 그렇게 되면 카 내비게이션 대국 일본의 붕괴 속도는 한층 가속될 것이다.

2초 룰을 고집하는 자동차 제조회사들

"제조회사로서 안심과 안전을 보장해야 하므로……."

자동차 제조회사의 차세대 텔레매틱스 논의에서 반드시 나오는 말이다. 다만 이것이 이노베이션의 커다란 장해물이 되고 있다.

가장 큰 과제는 운전 중의 시인視認에 관해서다. '차량 탑재 기기를 원격조작하기 위한 컨트롤러로 스마트폰을 사용해서는 안 된다.' 자동차 제조회사의 관계자는 이것이 속칭 '2초 룰'을 위반하기 때문이라고 말한다. 여기에서 2초는 주행 중에 차내의 각종 스위치를 조작할 때 전방 시계로부터 시선을 돌리는 허용 시간을 의미하며, 이것은 자동차 제조회사들의 암묵적인 규칙이다. 각 지방의 경찰본부가 제작해 면허 시험을 보거나 면허 갱신을 할 때 제공하는 안내서를 보면 "시속 40킬로미터로 주행하는 자동차는 1초에 11미터나 움직입니다. 그러므로 한눈을 팔면 위험합니다"라는 설명이 있다. 가령 독일의 아우토반에서 시속 200킬로미터로 달리고 있다면 2초 만에 111미터나 움직인다. 그러나 실제로는 전방을 전혀 보지 않는 상태가 1초이상 계속되는 경우는 매우 드물다. 각종 조작을 하면서도 '무의식적으로 전방에 주의를 기울이는' 경우가 많다. 그런 상황을 감안해 2초 룰이 존재한다.

그러나 스마트폰은 화면이 5인치 정도이며 조작 중에 화면을 응시해야 하므로 2초 룰이 무너질 것으로 생각되고 있다. 특히 스마트폰을 손에 들고 볼 경우 '무의식중에 전방을 살필' 수가 없다. 그런 탓에 세계 각국은 차내에서 스마트폰을 보는 것을 도로교통법으로 금지하고 있다. 그런데 대시보드 위 등에 스마트폰을 고정해서 카 내비게이션 등으로 이용하는 것은 금지하지 않는다. 아니, 오히려 구미를 중심으로 이용이 급속히 확대되고 있다. 이 경우는 '무의식적으로 전방에 주의를 기울이고 있는' 2초 룰의 범주에 들어간다는 해석이다. 그러나 자동차 제조회사는 '스마트폰 화면으로 모든 기능을 조작하기는 어렵다'며 차량 탑재 기기의 화면을 우선하는 사고방식이 강하다.

그런데 정말 그럴까? 한 가지 사례를 소개하겠다. 스마트폰으로 만화 보기다. 필자는 만화 잡지인 〈주간 영점프〉에서 자동차 만화의 원작과 기술 감수를 담당한 경험이 있어서 최근 들어 만화 업계가 직면하고 있는 디지털화 문제도 비교적 직접 느껴왔다. 아이폰의 제 1차 열풍이 불었던 2008년경에는 편집자도, 만화가도 "스마트폰으로 만화를 보는 시대는 당분간 오지 않을 것이다"라고 말했다. 만화의 지면을 구성할 때 잡지를 볼 때의 시선 이동을 고려해 칸을 분배하기 때문이다. 만약 스마트폰으로 만화를 보려면 "스마트폰 전용으로 다시 그려야 한다"라고도 말했다. 실제로 고단샤Kodansha Ltd.에서는 스마트폰 전용 만화의 가능성을 실험했으며, 자동차 만화 기획은 그 조사의 일환이었다.

그런데 그로부터 5년이 지난 현재 '스마트폰으로 만화 보기'는 20대를 중심으로 당연한 일이 되었다. 2008년경에는 발매일에 전철 안에서 만화 잡지를 읽는 학생과 회사원이 많았다. 그러나 5년이 지난 지금은 전철 안에서 만화 잡지를 펼치고 있는 사람은 일부 중·노년 정도밖에 없다고 해도 과언이 아니다. 만화 잡지를 발행하는 출판사는 좋든 싫든 스마트폰에 대응해야 하는 상황이 되었다.

이와 같은 생각지도 못한 사용자의 지향 변화가 젊은 세대를 중심으로 자동차의 실내에서도 일어날 것이다. 이는 달리 생각하면 커다란 비즈니스 기회이기도 하다. 그러나 안전·안심을 강조하는 자동차 제조회사의 내부에서는 '스마트폰으로 만화 보기' 같은 진보가 탄생하기 어렵다.

차내에서의 안전·안심을 확보하기 위해 현재는 일단 애플의 '시리'

같은 음성인식 기술이 도입되었지만, 앞으로는 또 다른 시점에서 '차 내에서 스마트폰으로 ○×△하기'가 탄생할 것이다.

비용적상 방식이 부품 제조회사를 도산으로 몰고 있다?

2011년 초에 경제산업성과 국토교통성의 공동 주최로 전기자동차 관련 심포지엄이 열렸는데, 휴식 시간에 한 관료가 일본의 전기자동차 정책의 자문을 맡고 있는 학자에게 이런 귀엣말을 했다.

"리튬이온 2차전지의 셀 판매만 봐도 그렇고 전기자동차 전체를 봐도 그렇고, 한국하고는 가격 경쟁이 되지 않아. 그들은 일본의 자동차 산업계가 아직도 비용적상 방식으로 가격을 설정하고 있다는 데 깜짝 놀라더군. 일본의 산업구조를 근본부터 바꿔야 해."

그 후 일본으로서는 다행스럽게도 원화 강세, 엔화 약세가 진행되어 한국의 기세가 한풀 꺾였지만 일본은 여전히 비용적상 방식에서 벗어나지 못하고 있다.

놀랍게도 대부분의 일본 자동차 제조회사는 최종적인 판매가격을 그다지 의식하지 않고 차량을 개발한다. 각 회사가 개최하는 선진 기술설명회 등에서 발매를 전제로 한 양산 시작차에 시승할 때 개발 담당자에게 가격을 물으면 "그건 영업 부문에서 결정할 일이라 자세히는 모르겠습니다"라는 대답을 종종 듣는다. 물론 각 부품을 시험 제작하는 시점에서 부품 제조회사로부터는 견적을 받고 있다. 그러나 비용관리라는 측면에서 보면 자동차는 전기제품에 비해 너무나 안이하다는 느낌이 든다.

그리고 신차 가격에 대해서는 영업 부문의 입김이 강하다. 자동차 제조회사에서 개발과 영업은 기본적으로 견원지간이다. 많은 경우 개발 부문이 주장하는 신차 가격보다 영업 부문이 제안하는 신차 가격이 더 낮다. 그리고 최종적으로는 부품 제조회사가 (가격적인 측면에서) 눈물을 흘리게 되며, 그 여파는 2차, 3차, 4차 제조회사까지 미친다.

간토 근교에서 자동차의 주력 주물부품을 제조하는 중견 2차부품 제조회사의 한 관계자는 "납품가격은 이미 10년 이상 전부터 계속 떨어지고만 있습니다. 이익이요? 그런 건 없습니다. 망하지 않으려고 공장을 돌리는 것이죠. 생산 현장은 덥고 위험하고 분진도 많아 젊은 사람들은 들어왔다가도 금방 그만둡니다. 언제까지 조업을 계속할 수 있을지 솔직히 감도 안 잡힙니다"라고 털어놓았다. 또 규슈의 자동차 산업계 사정에 정통한 한 관계자는 "특히 경자동차나 소형차용 부품의 경우 최종 조립공장으로 부품을 운송하는 기업에 대한 자동차 제조회사의 가격 압박이 심해졌습니다. 그런 일은 하고 싶지 않다는 업자가 많습니다"라고 말했다.

여기에 최근 들어 한국의 자동차 부품 제조회사가 적극적으로 일

애플과 구글이 자동차 산업을 지배하는 날

본 시장 개척에 나섰다. 일본의 JETRO(일본무역진흥기구)에 해당하는 KOTRA(대한무역투자진흥공사)는 2012년부터 일본 자동차 제조회사의 일본 국내 연구개발 거점에서 '출장 부품 전시회'를 개최하고 있다. 또 2013년 5월에는 자동차 산업이 모여 있는 나고야에 자동차 부품 수출지원센터를 개설했다. 이곳에는 한국에서 먼저 8개 사가 입주했다. 이와 같은 움직임에 맞춰 필자는 한국 국내의 자동차 부품 제조회사들을 취재했다. 각 회사의 설명에 따르면 한국의 자동차 산업계는 오랜 기간에 걸쳐 현대자동차그룹이 주도하고 있으며 대부분의 부품 제조회사가 사실상 그 계열사나 다름없으므로 독자적인 해외 진출이 허용되지 않았다. 그런데 최근 들어 현대자동차그룹이 해외 생산을 추진하고 현지의 부품 제조회사로부터 부품을 납품받는 일이 늘어났다. 그래서 현대 측은 사업 방침을 전환해 계열의 부품 제조회사가 미국이나 일본, 유럽의 자동차 제조회사와 직접 거래하는 것을 허용했다고 한다.

이렇게 해서 한국의 부품 제조회사에 이웃 나라 일본의 문호가 열린 것이다. 이미 몇몇 회사는 일본 자동차 제조회사에 부품 납품을 시작했다. 한국의 한 부품 제조회사의 간부는 "원화 약세가 진행되고는 있지만, 일본의 회사와 품질은 같은 수준이면서 가격은 더 싸기 때문에 가격경쟁력이 있습니다"라고 자신감에 찬 목소리로 말했다. 그들의 사업 선략은 이른바 '출구전략'이다. 여기에서 이 '출구'는 일본 자동차 제조회사가 구입해줄 가격과 품질이다. 그래서 일본 자동차 제조회사는 적극적으로 한국 부품 제조회사에 기술을 지원하고 있다. 이와 같은 흐름이 가속되면 일본 국내의 자동차 부품 제조회사는 큰 타격을 입을 수밖에 없다.

일본의 부품 제조회사로서는 국내 수요가 감소하는 일본에 남는 것도 지옥이요, 해외 진출을 해서 현지 부품 제조회사와 힘든 가격 경쟁을 벌이는 리스크를 감수하는 것도 지옥인 상황이다. 여기에 한국의 공세가 더욱 거세진다면 사면초가에 놓이게 된다.

이와 같은 상황에 빠지지 않도록 일본의 부품 제조회사는 자사의 기술을 다른 분야에 응용하는 방안을 모색하고 있다. 의료, 화학, 우주공학, 농업 등 일본 정부가 내건 성장 전략의 중점 산업을 염두에 두고 움직이려 하고 있다.

자동차 제조회사의 비용적상 방식이 자동차 부품 제조회사의 자동차 산업계 이탈을 초래하고 있는 것이다.

미국이 노리는 일본의 취약한 공급망

"마이컴도 안 오고, 센서도 납품이 안 되는 상태입니다. 이래서는 당분간 자동차를 만들 수가 없습니다."

2011년 3월 11일에 발생한 동일본 대지진은 자동차 산업과 관련된

애플과 구글이 자동차 산업을 지배하는 날

전자·전기기기 제조회사의 대부분이 제조 거점을 두고 있는 히타치 시와 히타치나카 시의 주변에 막대한 피해를 주었다. 그리고 이후 회복 작업이 진행되는 가운데 제일 먼저 부품을 공급받은 곳은 도요타 등 대기업이었다. 중견 제조회사의 구매부 관계자는 공급자를 찾아다니며 "조금이라도 좋으니까……"라고 애원해도 "대기업이 먼저요. 당신네 정도의 소량을 출고할 여유는 없소"라며 거절당하기 일쑤였다.

이런 소동에 대해 경제 관련 언론과 컨설팅 회사가 상세한 보고서를 작성하는 가운데 위기관리의 허술함이라는 측면에서 공급망Supply Chain의 취약함이 전 세계에 알려졌다. 지금까지는 거의 드러나지 않았던, 일본을 포함한 세계 각지의 전기 계열 부품 공급망의 실정이 대지진이라는 비상사태를 계기로 부각된 것이다. 예를 들어 미국 국내의 자동차 제조 거점에서도 히타치 시 주변에 있는 IT 기업이 제조하는 부품의 공급이 끊기는 바람에 생산라인이 멈추는 사태가 발생했다. 1장에서 소개한 CAN이라는 기술적인 측면에서의 '닫힌 루프'와 함께 일본의 공급망이라는 부품 조달 시스템의 '닫힌 루프'의 취약성이 노출되고 만 것이다. 이런 상황은 차세대 텔레매틱스에 본격적인 참가를 검토하고 있던 미국의 반도체 제조회사와 세계 각지의 통신 인프라 제조회사에 일본 IT 산업계의 약점을 알리는 동시에 자신들의 사업 전략을 되돌아보는 계기가 되었다.

그리고 2013년 TPP의 일본 멍행 협의에서 미국은 "일본의 공급망은 폐쇄적이다"라고 지적했다. 그들은 차세대 텔레매틱스에 필요한 고부가가치의 IT 부품을 통해 일본을 포함한 세계의 자동차 공급망을 재구축하려 하고 있다.

ITS 선진국 일본은 사실 '갈라파고스'

2013년 10월의 도쿄 ITS 세계회의에서는 자동운전의 전시와 시연회가 열렸고, 그 모습이 언론에 크게 보도되었다. 그런 보도를 순진하게 받아들이면 일본이 고도 도로교통 시스템, 즉 ITS 분야에서 세계 최첨단을 달리는 듯 보일 것이다.

그러나 실상은 다르다. 세계 최첨단일 터였던 일본의 ITS가 순식간에 구시대의 갈라파고스가 되어버렸다. 지금 일본의 ITS 전략은 중요한 고비를 맞이하고 있다.

그런데 ITS란 무엇일까? 간단히 그 역사를 되돌아보자. 산·학·관의 중핵으로서 ITS의 실무를 주도하는 특정 비영리 활동 법인 ITS 재팬의 자료에 따르면, 이 분야는 1970년대 초반부터 유럽과 미국, 일본에서 연구개발이 시작되었다.

ITS 보급의 제1기로 여겨지는 1970년대에 일본에서는 당시의 통상산업성이 세계 최첨단인 CACSComprehensive Automobile Traffic Control System(자동차 종합 관제 시스템)의 운용을 시작했다. 제2기인 1980년대부터 제3기인 1990년대 중반에 걸쳐서는 각 관청의 손발이 맞지 않는 따로국밥 행정 체계 속에서 교통과 관련된 관청의 시책이 난립했다. 통상산업성의 SSVS_{Super Smart Vehicle System}(고지능 자동차 교통 시스템), 당시 건설성의 RACS_{Road Automobile Communication System}(도로−차량 간 정보 시스템)와 ARTS_{Advanced Road Transportation System}(차세대 도로교통 시스템), 당시 운수성의 ASV_{Advanced Safety Vehicle}(선진 안전 자동차), 경찰청의 ATICS_{Automobile Traffic Information and Control System}(자동차 교통 정보 시스템)와 UTMS_{Universal Traffic Management System}(신 교통 관리 시스템) 등 국민들로서는 '뭐가 뭔지 도저히 알 수 없는' 상황이었다. 이런 가운데 1994년에 선진적인 교통 시스템을 논의하는 국제 심포지엄인 제1회 ITS 세계회의가 파리에서 개최되었다. 이때부터 ITS 보급의 제3기가 시작된다.

그 영향으로 일본에서는 1996년 7월에 앞에서 언급한 각 관청이 '고도 도로교통 시스템의 추진에 관한 전체 구상'을 책정했다. ITS 재팬의 자료를 보면 이 구상을 통해 '각 관청의 움직임이 일체화되었다'는 기술이 있다. 그러나 실태는 다르다. 필자는 1990년대 후반부터 2010년대 초반까지 미국과 유럽, 일본의 각지에서 ITS 관련 취재를 했는데, 일본의 따로국밥 행정 체계는 고쳐지지 않았다. 2001년의 중앙 관청 재편으로 국토교통성이 탄생한 뒤에도 구 운수성파와 구 건설성파의 의견 대립이 계속되었다. ITS 관련 콘퍼런스나 전시회에서 각 관청에 상품을 납품하는 전기기기 제조회사의 관계자로부터 "저희는 발주원의 요망에 따라 제품을 개발할 뿐입니다. 각 관청이 좀 더 긴밀하게 정보를 교환해서 방침을 일원화한다면 저희도 좀 더 일하기가 쉬울 겁니다"라는 이야기를 많이 들었다.

그런데 이런 가스미가세키霞が関(일본의 중앙 관청이 모여 있는 지역. 관계 官界 혹은 관료를 의미하는 대명사로 사용할 때가 많다. 한편 국회의사당이 있는 나가타초永田町는 정계를 의미하는 대명사로 사용된다―옮긴이)의 사정이야 어떻든 일본 사용자의 눈에는 일본의 ITS가 좋은 방향으로 나아가는 듯이 보였다. 그것이 바로 카 내비게이션과 ETC 그리고 VICS다.

ITS의 전체 구상에서 첫 번째 목적은 '내비게이션 시스템의 고도화'다. 그래서 산·학·관이 공동으로 개발과 보급 촉진을 추진했다. 자동차 제조회사는 일본 시장에 특화한 카 내비게이션을 적극 신형 자동차에 장착했다. 그 결과 일본은 세계 최고의 카 내비게이션 대국이 되었다. 전자정보기술산업협회에 따르면 1997년 3월의 카 내비게이션 출하 대수는 190만 2000대였으며, 그 후 지속적으로 상승해 10년 뒤인 2007년 3월에는 2612만 8000대, 그리고 2013년 9월에는 5828만 6000대에 이르렀다. 또 자동차검사등록정보협회에 따르면 2013년 8월 현재 일본의 사륜차 대수는 7648만 1055대다. 즉 단순 계산으로는 카 내비게이션 보급률이 78퍼센트에 이른다. 다만 카 내비게이션의 출하 대수는 누계이기 때문에 실제 장착률은 이보다 낮다. 각 자동차 제조회사는 카 내비게이션의 신차 장착률을 약 40퍼센트로 보고 있다. 그러나 이것도 구미의 약 20퍼센트, 세계 시장의 평균치인 10퍼센트를 크게 웃도는 수치다.

애플과 구글이 자동차 산업을 지배하는 날

카 내비게이션, ETC, VICS는 일본이 세계 최고

카 내비게이션과 마찬가지로 다른 나라에서는 보기 드문 보급률을 자랑하는 ITS 기술이 자동 요금수수 시스템, 즉 ETC다. ETC는 2001년 3월에 오키나와 지바에서 일반인을 대상으로 서비스가 시작되었으며, 같은 해 11월에는 전국으로 서비스가 확대되었다. 처음에는 하루 이용 대수가 약 5만 대로 이용률이 0.9퍼센트에 그쳤지만, 그 후 5년 사이에 급격히 보급되며 순조롭게 출하 대수가 증가해 2013년에는 평균 이용 대수가 하루 707만 대, 이용률이 89.2퍼센트에 이르렀다(10월 25일부터 31일까지. 국토교통성 조사). 또 2013년 10월의 ETC 단말기 누계 대수는 카 내비게이션 누계 대수에 맞먹는 5739만 3732대가 되었다(도로시스템고도화추진기구 조사). 세계 시장을 살펴봐도 국내의 각종 유료 도로에서 동일 규격의 자동 요금수수 시스템을 대규모로 전개하는 나라는 일본뿐이라고 해도 과언이 아니다.

그리고 이와 함께 일본이 다른 나라보다 먼저 본격 도입해 카 내비게이션의 보급과 함께 널리 활용하고 있는 것이 도로교통 정보통신 시스템, 즉 VICS다. VICS는 도로 정체 정보, 교통 규제 정보, 소요 시간, 교통 상해 정보 그리고 주차장 정보를 주로 카 내비게이션용으로 제공하는 서비스다.

VICS의 원리는 3단계다. 먼저 지역 경찰과 국토교통성, 지방자치단체, 도로관리 회사가 일본 도로교통정보센터와 연계해 정보를 수집한다. 2단계에서는 경시청과 교통관제센터, 수도 고속도로의 도로관제센터와 VICS 센터가 정보를 처리·편집한다. 그리고 3단계에서는 일반 도로의 주요 간선도로에서 광 비콘을 활용해 정보를 송신한다. 이것은 자차의 진행 방향을 기준으로 전방 약 30킬로미터, 후방 약 1킬로미터의 범위를 커버하는 차량 감지 기능을 갖춘 통신장치다. 고속도로에서는 전파 비콘을 사용해 자차의 진행 방향과 약 1000킬로미터 범위의 정보를 제공한다. 이것은 'ITS 스폿'에 대응하는데, 자세한 설명은 뒤에서 하겠다.

또 NHK 등의 FM 방송국으로부터 FM 다중방송으로 지역 단위의 VICS 정보를 송신하고 있다. VICS 서비스는 1996년 4월에 시작되었는데, 2013년 4~6월까지 VICS 지원 차량 탑재 카 내비게이션의 출하 누계 대수는 3849만 6455대에 이른다.

일본 독자 규격의 ITS는 휴대전화의 재판?

이처럼 일본은 ITS의 실용화에서 세계의 선두주자다. ITS 재팬의 사업 내용을 보면 2005~2010년에 중기 계획, 2010~2015년에 신

중기 계획을 내걸었는데, 이 신 중기 계획의 커다란 기둥이 'ITS 스 폿'이다.

ITS 스폿에는 세 가지 특징이 있다. 첫째는 다이내믹 루트 가이던 스Dynamic Route Guidance다. 이것은 이웃 현의 도로교통 정보를 얻을 수 없는 VICS와 달리 고속도로에서는 전파 비콘을 사용해 자차의 진행 방향 으로 약 1000킬로미터까지의 정보를 제공한다. 둘째는 안전운전 지 원이다. 자차의 주행 경로에 있는 낙하물이나 차량의 정체 행렬, 터 널 끝의 날씨 변화 등을 정지화면 등으로 전달해 주의를 환기한다. 그리고 셋째는 ETC 기능이다. ITS 스폿과 ETC는 모두 근거리 전용 통신, 즉 DSRC를 채용하고 있기 때문에 ITS 스폿을 지원하는 차량 탑재 기기는 ETC 기능도 겸비한다. 또한 휴게소 등에서는 인터넷 접 속이 가능하다.

국토교통성은 ITS 스폿의 보급을 촉진하기 위한 일환으로 보도진 을 마이크로버스에 태워서 도내 근교의 수도 고속도로를 순회하는 'ITS 시찰 투어'를 열고 있다. 필자는 2010년과 2011년 투어에 참가했 는데, 이때 국토교통성의 담당자에게 지적한 점이 있다. 스마트폰과 클라우드가 보급되고 스마트폰 내비게이션이 급증한 상황에서 현재 의 ITS 스폿이 과연 얼마나 의미가 있느냐는 것이다. 그도 그럴 것이 스마트폰의 애플리케이션을 사용하면 ITS 스폿이 제공하는 것과 거 의 같은 수준 혹은 그보다 조금 낮은 수준의 정보 서비스를 받을 수 있기 때문이다. 요컨대 ITS 재팬에 참가하고 있는 각 관청과 자동차 제조회사, 카 내비게이션을 제조하는 전기기기 제조회사가 스마트폰 카 내비게이션이라는 시장의 변화에 제대로 대응하지 못하고 있는 것이다. 사실 변화의 징조는 신 중기 계획을 책정한 2010년 시점에 이미 나타나고 있었지만, 카 내비게이션과 ETC, VICS를 보유한 ITS 분야의 세계 선두 주자로서 스마트폰 카 내비게이션을 과소평가했음이 틀림없다.

또한 일본은 국제 표준화 싸움에서 패했다. ITS 재팬이 ETC와 ITS 스폿에서 활용하고 있는 DSRC의 사용 주파수대 이야기다. 일본은 5.8기가헤르츠대를, 구미는 5.9기가헤르츠대를 사용하고 있다. ITS 분야에서는 미국의 'ITS 아메리카'와 유럽의 'ERTICO', 일본의 'ITS 재팬'이 세계 시장을 주도해왔는데, 미국이 DSRC의 사용 주파수로 5.9기가헤르츠를 주장하고 유럽이 이를 지지하는 바람에 일본은 갈라파고스가 되고 말았다. 또 일본에서는 자동운전 등의 차량-차량 간 통신에 독자적으로 700메가헤르츠대를 채용하려 하고 있는데, 이 또한 구미 규격과의 정합성 문제가 남아 있다.

2011년 11월, 미국 플로리다 주 올랜도에서 개최된 제18회 ITS 세계회의에서는 미 운수부가 GPS와 DSRC를 활용한 대규모 실증실험인 '세이프티 파일럿' 프로그램을 선보이는 등 ITS 분야에서의 존재감을 과시했다. 그 현지에서 ITS 재팬의 간부는 필자에게 "DSRC의 실용화에서 앞서고 있는 일본은 그동안 국제 표준화와 관련해 각국과 꾸준히 교섭을 진행해왔습니다만, 결과적으로 우리의 주장이 받아

들여지지 않아 아쉽습니다. 앞으로는 우리가 DSRC에서 쌓은 실적을 구미에서 활용하는 방향으로 대응해나가려 합니다"라고 말했다.

그리고 2013년 10월에 도쿄에서 열린 ITS 세계회의에서 ITS 재팬은 스마트폰 카 내비게이션을 포함한 인포테인먼트 계열 텔레매틱스의 대변혁에 관해 논의하고자 대회의 주제를 'Open ITS to the Nest'로 정했다. 그러나 실제로는 일반적으로 알기 쉽고 언론의 구미에 맞는 '자동운전'에 화제가 집중되었다. 오랫동안 ITS에 관여한 관계자들 사이에서도 "일본이 차세대 텔레매틱스 분야의 새로운 방향성을 제시할 것으로 기대했는데 실망이었다"라는 목소리가 컸다.

참고로 ITS 재팬의 신 중기 계획에는 '자동운전'이라는 명확한 표기가 없다. 또 민주당 정권이 2010년 5월에 책정한 '새로운 정보통신 기술 전략'의 사람·물자 이동의 그린화 공정표에도 '자동운전'이라는 표기가 없다. 국토교통성과 경찰청도 '도로–차량 간 협조형 시스템'이라는 표현에 그쳤다. 그렇기에 현 자민당 정권은 구미에서 선행 개발의 기운이 높아지기 시작한 '자동운전'을 성장 전략의 얼굴마담으로 활용했다고 할 수 있다.

자동운전 기술의 개발은 향후 일본 자동차 산업계의 필수 과제다. 그러나 공정표를 생각하면 정부 차원에서 인포테인먼트 계열 텔레매틱스에 대한 대책을 조기에 수립해야 한다. 안 그러면 1970년대부터 꾸준하게 쌓아 올린 세계 최첨단인 일본형 ITS는 하수가에 무너져 내릴 것이다.

혼다와 도요타가 모색하고 있는 텔레매틱스의 과금 모델

대규모 유료 텔레매틱스 서비스의 시초는 GM이 1996년에 서비스를 시작한 '온스타'다. 여기에서는 운전자의 긴급 신호 발신, 오퍼레이터의 음성 어시스트 같은 서비스를 제공했다. 그리고 2010년대에 들어서자 미국에서는 스마트폰의 판매가 급증했고 나아가 음악 전송 서비스의 보급이 스마트폰과 차량 탑재 기기의 연계를 가속시켰다. 이런 상황 속에서 일본의 자동차 제조회사들은 미국의 텔레매틱스 사정을 열심히 조사하기 시작했다. 혼다기술연구소의 간부는 "일단 CES에 가서 많은 것을 보고 와라. 머릿속을 완전히 비우고 전부 흡수해 와라. 젊은 사원을 보내면서 이렇게 말했습니다"라고 말했다.

2012년의 CES에는 GM과 포드, 크라이슬러가 전부 참가했다. 이 가운데 포드는 1장에서 소개한 차량 탑재 기기용 애플리케이션 스토어 '앱링크'를 처음 선보였는데, 이듬해인 2013년의 CES에서는 '앱링크'에 대해 개발자의 로열티도, 사용자의 사용료도 전부 무료임을 처음으로 발표했다. 이처럼 과금을 하지 않는 텔레매틱스 비즈니스 모델이 등장하자 혼다는 조금 당황했다. 2003년에 도입한 쌍방향 통신 기능의 차량 탑재형 카 내비게이션 '인터내비'의 향후 방향성에 대해 사내에서 논의가 진행되고 있었기 때문이다.

미국과 중국 시장에서 서비스하고 있는 GM의 차량 탑재 텔레매틱스 '온스타'. 세계 누적 가입자 수는 670만 명이 넘는다.

'인터내비'는 원래 프리미엄 회원을 위한 유료 서비스였다. 그러나 혼다는 2010년 2월부터 'CR-Z'를 시작으로 무료 데이터 통신 서비스인 '링크업프리Link Up Free'를 채용하는 차종을 늘려왔다. 다만 통신료 무료는 차량에 탑재된 전용 통신기기에만 적용되며, 스마트폰과 연계할 때 발생하는 통신료는 별도다. 2014년 1월 현재는 차량 탑재형 카 내비게이션의 GPS로 측정한 각 차량의 위치와 주행 속도 정보를 유선 또는 블루투스로 연결된 휴대전화를 통해 혼다의 독자적인 인터내비 정보센터로 보내면 정보센터에서 교통 정보 시스템인 VICS의 데이터를 바탕으로 그 정보를 분석해 각 차량의 차량 탑재형 카 내비게이션에 표시하는 서비스를 제공하고 있다.

또 혼다는 북아메리카와 유럽에서는 인터내비 서비스를 제공하지 않는다. 가령 인포테인먼트 계열의 텔레매틱스 분야에서 앞서 가고 있는 미국에서는 2012년부터 사외 제품인 '아하 바이 하만'을 채용해 '혼다링크HondaLink'와 '아큐라링크AcuraLink'의 구축을 서둘렀는데, 인터내비를 통해 배양한 프로브 정보 시스템은 채용하지 않았다.

혼다와 마찬가지로 일본에서 유료 텔레매틱스 서비스를 확대해온 도요타는 'G-BOOK(도요타가 제공하는 텔레매틱스 서비스—옮긴이)'의 오퍼레이터 서비스를 주체로, 클라우드를 통해 정보를 해석하는 프로브 정보 분야에서는 'T 프로브'라는 비즈니스 모델을 확립해왔다. 일본 국내에서는 렉서스나 크라운 등의 고급차에서 "G-BOOK에 대한 고객 만족도가 높아서 자동차 검사를 받을 때나 차를 새로 살 때 서비스를 갱신하는 고객이 매우 많다"(도요타 IT 부문 간부)고 한다.

도요타는 2013년 5월에 지방자치단체와 기업을 대상으로 한 달 20만 엔에 빅데이터 교통 정보 서비스를 개시했다. 또 개인을 대상으로는 차량 탑재 기기처럼 3D 지도화한 내비게이션과 주행 중인 도로의 상태를 SNS로 통지하고 G-BOOK 회원끼리 정보를 공유할 수 있는 교통 정보 SNS, 그리고 대화형 음성인식 서비스와 오퍼레이터 서비스를 연동시킨 '에이전트' 서비스를 시작했다. 기본요금은 무료이며, '에이전트' 등의 요금은 1년에 2500엔으로 설정했다.

또 미국에서는 도요타가 '엔튠Entune', 렉서스가 '엔폼Enform'을 채용하고 있다. 그러나 CES에서 미국의 자동차 제조회사들이 보인 움직임에 자극받은 2013년 초엽에는 '미국의 텔레매틱스 흐름을 간신히 따라잡았다고 생각했는데, 그들은 더 앞을 바라보며 움직이고 있다'(도

애플과 구글이 자동차 산업을 지배하는 날

요타 미국 법인 간부)고 생각하고 있었다. 그래서 2013년 봄에는 실리콘밸리에서 텔레매틱스 최전선의 정보를 수집하고 해석하는 도요타 IT 개발센터가 도요타 본사 상층부에 직접 정보를 전달하는 시스템을 갖췄다. 도요타뿐만 아니라 혼다와 닛산도 2013년에 들어와 실리콘밸리 사무소를 강화하고 차세대 텔레매틱스에 대한 대응을 서두르고 있다. 실리콘밸리에서 이들 회사를 비롯해 일본 자동차 산업계의 관계자들과 의견을 교환하다 보면 "어떻게 과금 사업화를 해야 하느냐가 커다란 과제입니다"라는 말을 자주 듣는다.

무료 전화와 인터넷 라디오 등 웹사이트나 스마트폰에서는 상식이 된 다양한 무료 서비스를 앞으로는 자동차 제조회사도 받아들일 수밖에 없다. 포드의 '앱링크'는 차량 탑재 기기 비즈니스의 무료화라는 문을 연 것에 불과하다. 자동차 제조회사는 하루빨리 인프라 업자 등과 손을 잡고 차세대 텔레매틱스의 유료로도 받아들일 수 있는 비즈니스 모델을 구축해야 한다. 이대로는 자동차가 스마트폰에 잡아먹히고 말 것이다.

아무도 지적하지 않는 일본의 성장 전략의 문제점

지금까지 살펴봤듯이 일본의 자동차 산업계는 2010년대 중반 이후 치열한 경쟁에 내몰릴 것이다. 그런데 신기하게도 정부가 그리는 성장 전략을 보면 정부는 자동차 산업의 현재 상황을 전혀 파악하지 못하고 있다.

도쿄 모터쇼가 개막하기 2주 전인 2013년 11월 9일, 총리 관저 앞에서 일본 자동차 제조회사의 자동운전 자동차 시연회가 열렸다. 이 자리에서 아베 신조安倍晋三 총리는 언론에 "일본의 (자동차) 기술력은 우수합니다"라고 강조했다. 2001년에 고이즈미 준이치로小泉純一郎 당시 총리가 실시했던 연료전지 자동차의 시연회, 2009년에 아소 다로麻生太郎 당시 총리가 실시했던 하이브리드 자동차의 시연회를 떠올리게 하는 광경이었다.

아베 총리는 두 번째 총리 취임 이후 일본자동차공업회의 신년 행사에 참가해 축사하는 등 자동차 산업과의 끈끈한 연대를 국내외에 과시해왔다. 그러나 자민당 정권이 세운 성장 전략을 보면 자동차 산업의 현재 상황을 제대로 파악하고 있다고는 생각되지 않는다.

일본 정부는 2013년 6월에 새로운 성장 전략인 '일본 재흥 전략-JAPAN is BACK-'을 각의 결정했다. 이것은 제2차 아베 정권이 내세우는 3개의 화살 중 마지막으로, 대담한 금융정책과 기동적인 재정정책에 이어 민간 투자를 촉진하는 성장 전략이다. 그리고 그 로드맵으로 '2030년을 내다본 시장 전략'과 '2015년도 말을 목표로 하는 중단기 공정표'를 제시했다. 전자에서 자동차 산업과 관련이 있는 부분은 테마2 '클린·경제적인 에너지 수급의 실현'의 '에너지를 현명

애플과 구글이 자동차 산업을 지배하는 날

하게 소비하는 사회'에서 차세대 자동차로 전기자동차와 플러그인 하이브리드 자동차, 클린 디젤 자동차, 연료전지 자동차를 꼽고 인프라 정비와 보급 추진을 꾀한다는 것이다. 이들 차세대 자동차의 세계 시장 규모는 2013년의 3조 엔에서 2020년에는 35조 엔으로 10배 이상 증가할 것으로 예측했다. 그리고 테마3 '안전·편리하고 경제적인 차세대 인프라 구축'에서는 '사람과 물자가 안심하고 쾌적하게 이동할 수 있는 사회'의 핵심 정책으로 안전운전 지원 시스템, 자동주행 시스템을 내세웠다. 자동운전 시스템의 시장 규모는 2013년의 0.5조 엔에서 2030년에는 20조 엔으로, 이와 관련된 정체 억제 시스템은 같은 기간에 2조 엔에서 30조 엔으로 확대되리라고 예측했다. 그리고 중단기 공정표에서는 '국민의 건강수명 연장'의 영역에서 초소형 모빌리티의 보급을 지향하는 실증실험에 관해 다뤘다.

이처럼 성장 전략에는 전동차량이나 자동운전 등 새로운 것에 대한 언급만 있을 뿐 자동차 산업 전체를 어떻게 구조 개혁할 것이냐에 관한 내용이 전혀 없다. 이것은 큰 문제다. 정부는 이전부터 자동차 산업에 치우친 일본의 산업구조를 변혁해야 한다고 주장해왔다. 민주당 정권인 2010년에 경제산업성이 정리한 '산업구조 비전 2010'이 그 증거다. 이 비전의 골자는 세계 시장의 변화에 뒤처진 일본 산업의 위기를 직시하고 전후戰後 성장의 성공 신화에서 탈피해 정부와 민간이 네 가지 전환을 해야 한다는 것이 있다. 여기에서 말하는 네 가지 전환은 ① 산업구조의 전환, ② 기업의 비즈니스 모델 전환 지원,

③ 세계화와 국내 고용의 양자택일로부터 탈피, ④ 정부의 역할 전환이다.

①에는 이렇게 적혀 있다. 지금까지 자동차 한 분야에만 의존해온 산업구조를 전략 5분야의 '분산 구조'로 전환한다. 정부의 계산에 따르면 2000~2007년의 산업 생산액 증가분은 48조 엔이며 이 가운데 자동차 산업이 약 40퍼센트인 18조 엔을 차지했는데, 2007~2020년에는 생산액 전체 증가분 310조 엔의 약 50퍼센트에 해당하는 149조 엔을 전략 5분야가 담당하게 한다. 여기에서 전략 5분야란 ① 인프라 관련·시스템 수출(원자력, 물, 철도 등), ② 환경·에너지 과제 해결 산업(스마트 그리드, 차세대 자동차 등), ③ 의료·개호·건강·육아 서비스, ④ 문화 산업 입국(패션, 콘텐츠, 식문화, 관광 등), ⑤ 첨단 분야(로봇, 우주 등)다.

경제산업성은 '산업구조 비전 2010'과 연동해서 지식인으로 구성된 검토회의 논의를 정리한 '차세대 자동차 전략 2010'을 책정했다. 그리고 이것을 조금 수정한 것이 2013년에 등장한 '일본 재흥 전략'의 자동차 산업 분야 부분이다. 다만 이것만으로는 너무 빈약하므로 자동운전을 얼굴마담으로 내세운 것이다.

정부는 조속히 일본 경제의 큰 기둥인 자동차 산업의 실정을 자세히 조사해야 한다.

3장

혼돈에 빠져들고 있는
차세대 자동차 개발의 향방

T E L E M A T I C S

차세대 자동차의 주역은 전기자동차나 자동운전이 아니다?

차세대 자동차의 정의는 모호하다. 연료전지 자동차도, 자동운전 자동차도 차세대 자동차이지만 이 둘은 기술 영역이 다르다. 언론은 물론이고 자동차 제조회사나 자동차 부품 제조회사에서도 차세대 자동차에 대한 인식에 커다란 괴리가 발생하고 있다. 차세대 자동차에 대해 '언제까지 무엇을 지향할 것인가'가 불명확해졌다.

시계를 조금 되돌려보면, 1990년대에 도요타가 '프리우스'의 양산을 시작했을 때 구미의 자동차 제조회사들은 하이브리드 자동차는 특수차라는 인식에서 하이브리드 자동차의 본격적인 개발은 고려하지 않았다. 그러나 2000년대 초반에 일어난 제1차 연료전지 자동차 열풍을 계기로 연료전지 자동차를 차세대 자동차 근미래의 도달점으로 설정한 로드맵을 그리게 되었다. 여기에는 유럽의 이산화탄소 배출 규제와 배기가스 규제, 미국의 CAFE_{Corporate Average Fuel Economy}(기업 평균 연비), 그리고 캘리포니아 주의 ZEV_{Zero Emission Vehicle}(무공해 자동차) 규제의 발효에 대한 고려가 담겨 있다.

각 회사의 기본적인 로드맵에서 바탕에 깔려 있는 것은 휘발유 엔진 또는 디젤 엔진이라는 내연기관의 성능 향상이다. 구체적으로는 실린더 내부 연료의 최적화, 고효율의 배기가스 청정화, 터보차저 등 과급기의 보조를 통한 엔진 배기량 축소, 트랜스미션의 고성능화 등이다. 그리고 여기에 전동 모터를 조합한 것이 바로 하이브리드 자동차다. 또한 축전지의 용량을 늘리고 외부 충전도 가능케 한 것이 플러그인 하이브리드 자동차다. 그리고 각 자동차 제조회사는 이다음 단계로 내연기관을 전혀 사용하지 않고 전동 모터만으로 구동하는 전기자동차, 수소를 매개체로 자가 발전하는 연료전지 자동차라는 전동화 로드맵을 그리고 있다.

그 밖에 알코올 자동차, 수소연료 자동차, 천연가스 자동차 등 1990년대까지 차세대 연료 자동차로 불리던 영역이 있지만, 세계 시장을 보면 보급 가능성이 높은 지역은 한정적이다. 예를 들어 알코올 자동차는 사탕수수 등에서 생산되는 바이오에탄올 연료가 주목을 받았다. 브라질에는 휘발유와 알코올의 혼합비를 차량 소유자가 주유소에서 자유롭게 선택할 수 있는 가변 연료 자동차_{FFV: Flexible Fuel Vehicle}

가 있다. 그러나 사탕수수를 생산하려면 날씨가 온화해야 하며 또 운송비용이 들어가기 때문에 가변연료 자동차의 보급은 남아메리카의 일부 지역에 국한될 전망이다.

수소연료 자동차는 BMW와 마쓰다가 실증실험을 했는데, BMW는 도요타와 연료전지 자동차의 공동 개발을, 마쓰다는 천연가스와 휘발유를 병용하는 자동차의 연구를 진행하고 있다. 그리고 천연가스 자동차는 2013년 11월 현재 전 세계에서 약 1530만 대가 판매되었으며 이란이나 파키스탄 등 천연가스 생산국에서는 가격이 저렴한 까닭에 보급률이 높다. 또 일본과 태국 등에 상용차 시장이 존재하며, 셰일가스 혁명으로 미국에서도 상용차의 수요가 증가할 가능성을 부정할 수는 없다. 그러나 세계의 자동차 제조회사들은 천연가스 자동차도 산출국 주변 지역의 한정적인 보급에 그칠 것으로 보고 있다. 따라서 차세대 자동차의 주류는 동력장치의 전동화가 되리라는 것이 자동차 제조회사들의 생각이다.

그런데 이와 전혀 다른 시점에서 차세대 자동차의 가능성을 높인 것이 자동운전을 포함하는 차세대 텔레매틱스다. 만약 자동운전이 급속히 보급된다면 자동차의 코모디티화(범용품화)가 본격적으로 진행될 것이고, 그렇게 되면 자동차는 단순히 '이동하는 상자'가 되어 앞에서 이야기한 전동화 로드맵 자체가 무의미해질지도 모른다. 이 농제로서의 시스템이 진소하고 제어하기 쉬운 전기자동차가 단번에 보급되거나 소형 휘발유 엔진을 탑재한 세계 표준화된 미니밴이 신흥국과 경제후진국에서 급속히 증가할지도 모른다. 그러나 자동차 제조회사들은 이와 같은 차세대 텔레매틱스로의 급변을 예측할 수가 없다. 차세대 텔레매틱스의 주역은 대기업이냐, 벤처기업이냐에 상관없이 IT 기업과 펀드가 될지도 모르기 때문이다.

자동차 제조회사가 그리고 있는 동력장치 중심의 차세대 자동차 구상이 크게 무너질 가능성은 충분하다. 그리고 자동차 제조회사 내부의 극히 일부 사람들이 그런 위기감을 느끼기 시작했다.

미국의 ZEV 규제에 휘둘리는 전기자동차

BMW의 'i3', 폭스바겐의 'e골프$_{eGolf}$', 마쓰다의 '데미오 EV$_{Demio EV}$' 등 세계의 자동차 제조회사들이 2012년부터 2013년에 걸쳐 신형 전기자동차를 잇달아 발표하자 언론은 "전기자동차가 본격적인 보급기에 접어들었다"라고 보도했다. 그러나 또 다른 언론은 닛산이 2015년까지의 전기자동차 판매 목표로 삼았던 '세계 시장에서 150만 대'에 대해 카를로스 곤 CEO가 "2~3년 늦춰질 듯하다"라고 말한 것을 근거로 "전기자동차의 보급은 아직 멀었다"라고 보도했다.

과연 전기자동차는 보급될 것인가, 보급되지 못할 것인가? 보급된다면 그 시기는 언제쯤이 될까? 결론부터 말하면 2017년 여름부터

애플과 구글이 자동차 산업을 지배하는 날

서서히 보급될 것이다. 달리 말하면 그때까지는 전기자동차 보급의 단경기端境期(옛것이 없어지고 새것이 나오기 직전의 시기—옮긴이)가 된다. 그 근거는 미국의 ZEV 규제다. 이것은 캘리포니아 주의 캘리포니아대기 자원국CARB이 1990년에 제정한 규제로, 각 자동차 제조회사에 대해 캘리포니아 주 내의 연간 판매 대수에서 배기가스가 전혀 없는 무공해 자동차의 비율을 1998년까지 2퍼센트, 2003년까지는 10퍼센트로 늘리도록 의무화했다. 이에 대응해 GM은 '임팩트Impact'라는 이름의 사내 프로젝트를 발족하고 양산차 'EV-1'을 발표했다. 또 일본에서는 혼다가 'EV 플러스', 도요타가 'RAV4 EV'를 시장에 투입했다. 그러나 미국 정부와 캘리포니아 주의 시책이 엇박자를 타고 미국 자동차 산업계 내부의 반발도 있던 탓에 전기자동차 열풍은 단기간에 소멸했다.

그 후 캘리포니아대기자원국은 배기가스 규제를 강화하는 가운데 ZEV에 대한 환산 계수를 설정하고 각종 LEVLow Emission Vehicle(배기가스 저배출 자동차)를 규정했다. 그리고 2017년에는 ZEV 규제가 일부 개정되어 대상이 되는 자동차 제조회사의 조건이 바뀐다. 구체적으로는 캘리포니아 주에서의 연간 판매 대수가 6만 대 이상에서 2만 대 이상으로 변경된다. 이에 따라 기존의 GM, 포드, 크라이슬러, 도요타, 혼다, 닛산과 함께 폭스바겐, BMW, 마쓰다, 스바루, 현대·기아, 볼보 등도 규제 대상이 되어 ZEV 규제에 규정된 무공해 자동차 판매 대수를 충족하지 못할 경우 한 대당 5000달러의 벌금을 내게 된다.

또한 이것은 기업 이미지에도 커다란 악영향을 끼칠 것이다.

그래서 각 기업은 2017년에 판매 의무를 달성하기 위해 4~5년 전부터 양산화 계획을 세우고 있는 것이다. 또 ZEV 크레디트라고 해서 이산화탄소 규제에서의 탄소 배출권과 같은 권리를 사고팔 수 있다. 일례로 테슬라는 연료전지 자동차 'FCX 클라리티_{FCX CLARITY}'의 리스 판매가 부진한 혼다에 이 권리를 "상당히 비싼 값"(테슬라의 관계자)에 매각했다. 혼다는 후쿠이 다케오_{福井威夫} 사장 시절에 "우리의 전기자동차는 FCX 클라리티다. 이것은 연료전지 전기자동차다"라며 전기자동차의 개발을 거부해왔다. 그러나 후쿠이의 후계자인 이토 다카노부_{伊東孝紳} 사장은 2010년 LA 모터쇼에서 '피트 EV 콘셉트 카'를 선보이면서 "결국은 ZEV 규제 대책입니다"라고 기자들에게 분명히 말했다.

또 스바루의 북아메리카 담당 임원은 "설마 우리가 ZEV 규제에 걸릴 줄이야……. 정말 즐거운 비명을 지를 수밖에 없군요"라며 북아메리카 시장에서의 판매 호조에 놀라움을 감추지 못했다.

그리고 BMW는 ZEV 규제 대책인 전기자동차 사업을 자사의 브랜드 전략으로 활용하고 있다. 그것이 바로 '프로젝트 i'다. BMW는 전기자동차 시장에서 소형차인 'i3'의 수요가 한정적일 것으로 생각하고 배기량 647cc의 2기통 엔진을 발전기로 사용하는 레인지 익스텐더_{Range Extender}를 발매했다. 또한 슈퍼카 같은 풍모의 플러그인 하이브리드 자동차 'i8'을 발매해 테슬라와 마찬가지로 프리미엄 전기자동

애플과 구글이 자동차 산업을 지배하는 날

미래형 하이브리드 스포츠카 'BMW i8'을 소개하는 노르베르트 라이트호퍼 CEO

차의 영역을 노리고 있다. 게다가 차체에 탄소 소재 강화 플라스틱을 사용함으로써 프레스 공정을 없애고 페인트 공정도 간소화하는 등 자동차 제조회사가 오랫동안 유지해온 차량 제조공정을 대폭 손보기 시작했다.

이처럼 BMW가 다각적인 전기자동차 브랜드 전략을 조기에 실시한 것은 그동안 전기자동차 사업에서 라이벌인 다임러나 일본 기업에 뒤처졌던 데 대한 반동이다. 그러나 결과적으로는 ZEV 규제의 등장으로 전기자동차 개발을 강요당하는 세계 자동차 제조회사 가운데 ZEV 규제를 가장 효과적으로 이용하고 있다고 할 수 있다.

ZEV 규제를 책정하는 캘리포니아대기자원국이 공표한 차세대 자동차 시장의 예측 그래프에 따르면 전기자동차의 보급은 2017년을 기점으로 서서히 진행된다. 거꾸로 말하면 2017년까지는 전기자동차 보급의 단경기다. 그만큼 전 세계의 자동차 산업계가 ZEV 규제에 휘둘리고 있는 것이다.

전기자동차 열풍에 사라진 투자 자금

똑같이 2007년에 미국에서 태어나 2013년에 사라진 두 벤처기업 베터플레이스Better Place와 피스커오토모티브Fisker Automotive, Inc.는 자동차 열 풍을 부채질하고는 불투명한 자금 흐름 속에서 조용히 사라져갔다. 이 두 회사는 사업적으로 서로 연계하고 있지도, 뒤에서 자금이 연결 되어 있지도 않았지만 기묘하게도 똑같은 운명을 걸었다. 그리고 일 본의 전기자동차 산업은 이 두 회사에 상당히 휘둘렸다. 그러면 두 회사의 행보를 되돌아보자.

베터플레이스는 이스라엘의 인맥을 중심으로 한 전지 교환형 전 기자동차 충전소의 인프라를 제안하는 벤처기업이었다. 이 회사는 먼저 세계 각국의 재생 가능 에너지와 차세대 축전지, 전기자동차나 연료전지 자동차 등의 차세대 자동차에 대한 콘퍼런스에서 자사의 기업 철학을 소개했다. 그리고 이런 기업 홍보 활동을 통해 세계 각 국의 정부로부터 보조금을 받아 실증실험을 전개했는데, 그 제1호 가 일본이었다. 베터플레이스는 환경성의 2008년 보정 예산을 재원으로 한 보조금으로 2009년 4월부터 6월에 걸쳐 요코하마의 야마시타 공원 근처에 텐트를 치고 전지 교환식 충전소를 설치했다.

또 이듬해인 2010년 4월에는 택시 회사인 일본교통과 손잡고 도쿄 미나토 구 도라노몬에서 '세계 최초의 전지 교환식 전기택시'를 선보였다. 이것은 경제산업성 자원에너지청이 실시한 '2009년도 전기자동차 보급 환경정비 실증 사업(주유소 등의 충전 서비스 실증 사업)'의 일환이었다. 당시 필자는 관계자에게 "교부된 보조금은 3억 엔 정도입니다"라는 이야기를 들었다. 롯폰기 힐스에서 개최된 기자회견에는 주일 이스라엘 대사와 자원에너지청 과장 등이 참석했는데, 영국 〈파이낸셜타임스〉의 기자가 사업의 구체적인 수익 전망에 관해 날카로운 질문을 던졌다.

또 그 후에 야외에서 실시된 전기택시의 출발식에서는 2014년 1월 당시 경제산업성 장관이었던 모기 도시미쓰茂木経済 중의원 의원이 축사를 했다. 그는 베터플레이스의 일본 법인 사장과 아는 사이였다. 또한 그 현장에는 미쓰비시 중공업의 이사 겸 부사장 집행 임원(당시)인 후쿠에 이치로福江一郎도 참석해 필자를 비롯한 기자들에게 "우리 회사도 전지 교환식 전기자동차의 개발을 추진하고 있습니다. 이 분야에서는 베터플레이스도 저희도 동지입니다. 자동차 산업계의 십자군 같은 존재이지요"라고 큰소리를 쳤다.

그리고 전기택시가 공공도로를 향해 출발하는 순간, 필자는 지금도 잊을 수 없는 광경을 목격했다. 뒷좌석의 창문을 열고 고개를 내민 베터플레이스의 이단 오퍼Idan Ofer 회장이 기자들의 플래시 세례 속에서 히죽 웃으며 오른손을 번쩍 들고 "Where is Money!?"라고 말한 것이다. 그 후 베터플레이스는 이스라엘과 노르웨이, 덴마크, 오스트레일리아 등의 정부와 펀드로부터 자금을 얻어 실증실험을 진행했다. 중국에서는 현지의 중견 자동차 제조회사인 체리 자동차Chery Automobile Co., Ltd.와 제휴한다고 발표했다. 또 이스라엘에서는 전기자동차 사업에서 르노와의 연대를 강조하기도 했다. 그러나 베터플레이스와 르노의 연대를 시사하던 르노-닛산의 카를로스 곤 CEO는 시간이 지날수록 공적인 자리에서 이 일에 대한 언급을 삼가기 시작했다. 그리고 2013년 5월 26일 베터플레이스는 사업 해체를 발표했다.

필자는 그로부터 약 1개월 뒤에 미국 캘리포니아 주 실리콘밸리의 팔로알토 시 교외에 있는 스탠퍼드대학 관련 시설 내의 베터플레이스 본사를 찾아갔다. 그러나 회사의 간판은 이미 내려간 상태였고, 베터플레이스의 사원이었던 사람은 "그곳에는 이제 아무것도 없소"라고 말했다.

결국 베터플레이스는 '꿈을 팔아서 투자 자금을 모으는 장사'였다. 그들에게 전기자동차는 단순한 도구일 뿐이었다. 그 투자 자금은 대체 어디로 사라졌을까?

애플과 구글이 자동차 산업을 지배하는 날

미국 정부의 융자를 받고도 사업에 실패한 피스커

피스커오토모티브는 BMW와 애스턴마틴Aston Martin Lagonda Limited에서 디자이너로 일한 헨리크 피스커Henrik Fisker라는 덴마크인이 2007년 9월에 설립한 기업이다. 엔진을 발전기로 사용하는 전기자동차인 레인지익스텐더 고급 세단 '카르마Karma'의 콘셉트 모델을 세상에 공개하고 2010년 양산화를 목표로 삼았다.

엔진은 GM 배기량 200cc의 직렬 4기통 터보 엔진을 구입했고, 탑재하는 리튬이온 2차전지는 원래 일본의 이토추 상사ITOCHU Corporation가 사실상의 경영권을 쥐고 있는 미국의 벤처기업 에너델EnerDel, Inc.의 제품을 채용할 예정이었다. 그러나 양산차에는 역시 미국의 벤처기업인 A123 시스템A123 Systems, LLC의 제품을 채용했다. 또 하이브리드 시스템인 'Q드라이브'는 미국 육군의 차세대형 전차와 천연가스 자동차용 수소 탱크를 만드는 퀀텀 테크놀로지Quantum Fuel Systems Technologies Worldwide Inc.가 담당했다고 하는데, 자세한 내용은 알려지지 않았다.

차량의 최종 조립은 포르쉐Porsche SE의 '카이맨Cayman'과 메르세데스-벤츠의 'A클래스' 등을 수주 생산하는 핀란드의 발멧 오토모티브Valmet Automotive Inc.가 맡았다. 생산 대수는 2011년 후반부터 2012년 중반까지 약 2000대였는데, 이 가운데 미국 동해안을 덮친 허리케인 샌디에

고급 스포츠카 같은 디자인의 4도어 세단인 카르마. 배우 레오나르도 디카프리오가 첫 구매 고객인 것으로도 유명하다.

330대의 재고가 침수되어 폐기 처분되었다. 2012년에 구미에서 발매된 '카르마'의 신차 가격은 약 10만 달러였다.

게다가 피스커오토모티브는 개발 지연과 화재 사고에 따른 리콜 비용 등이 쌓여 경영 상황이 악화되었다. 화재 사고는 2011년 말에 텍사스 주 샌안토니오의 일반 주택의 실내 주차장에서 한 건, 2012년 8월에 캘리포니아 주 우드사이드의 옥외 주차장에서 한 건이 발생했다. 결국 2013년 3월에는 출자자들이 경영 책임을 물어 창업자인 헨리크 피스커를 경질했다. 그리고 그 전후로 파산 신청 절차를 모색하기 시작해 같은 해 11월에 연방 파산법 제11조를 신청했다. 사실상 중고차밖에 존재하지 않는 '카르마'는 2014년 1월 현재 미국의 대형 경매 사이트 '이베이eBay' 등에서 신차 가격의 절반인 5만 달러 전후로 거래되고 있다.

피스커의 경영 파탄에 대해서는 미국 연방정부와 의회가 큰 관심을 보이고 있다. 이 회사가 2009년에 미국 에너지부로부터 5억 2900만 달러의 저이자 융자를 허가받았기 때문이다. 이 가운데 실제 융자액은 1억 9000만 달러인데, 미 하원은 2013년 3월에 공청회를 열고 창업자인 피스커에게 그 금액의 흐름에 대해 증언할 것을 요구했다. 피스커가 얻은 자금은 제1차 오바마 정권이 추진한 '그린 뉴딜 정책'의 일환인 'ATVMIAdvanced Technology Vehicles Manufacturing Incentive(선진 기술 자동차 제조)' 융자로, 피스커 이외에 테슬라와 포드, 닛산이 융자를 받았다. 연방정부로서는 전기자동차 등 차세대 자동차의 미국 국내 생산을 추진해 신규 고용을 창출할 속셈이었다.

피스커의 경우 양산 제1탄인 '카르마'는 미국이 아닌 핀란드에서 제조했는데, 미국 에너지성에 ATVMI 융자를 신청하려면 미국 국내 생산이 필수다. 그래서 2009년에 미국 동해안의 델라웨어 주에 있는 GM의 공장을 매수하고 소형차 프로젝트 '니나Nina'를 추진한다고 발표했다. 그러나 이 사업은 이후 구체적인 진전을 보이지 않았고, 피스커는 2012년 4월에 경영진의 교체와 동시에 난데없이 '아틀란틱Atlantic'이라는 소형차의 콘셉트 모델을 발표했다. 그 시점에서 이미 자금 융통에 어려움을 겪고 있었던 듯하다.

그린 뉴딜 정책에는 ATVMI 융자 외에 ARRAThe American Recovery and

Reinvestment Act(미국 재건·재투자법)라고 부르는 보조금이 있는데, 여기에서도 대형 파산 사건이 일어났다. 미국 정부로부터 5억 3500만 달러의 융자 보증을 받은 태양광 패널 제조회사 솔린드라Solyndra Corporation가 2011년 8월에 미국 연방 파산법 제11조를 신청한 것이다. 제2차 오바마 정권으로서는 이와 같은 제1차 정권의 어두운 유산을 국민에게 설명할 책임을 다하면서 조기에 정리해야 할 것이다.

'로드스터'는 미완의 전기자동차였다

2000년대 후반, 미국과 일본에서 전기자동차 열풍이 불었다. 일본에서는 미쓰비시의 'i-MiEV'와 닛산의 '리프LEAF', 미국에서는 테슬라 모터스가 그 주역이었다. 일본의 언론들은 테슬라의 전기자동차를 "실리콘밸리의 최첨단 기술을 가득 실은 슈퍼 전기자동차"라며 호들갑을 떨었다.

그러나 이것은 오보다. 테슬라의 양산 제1탄인 2도어 스포츠카 '로드스터Roadster'는 테슬라 외부의 다양한 기술을 일시적으로 조합한 미완성된 전기자동차이기 때문이다.

테슬라의 경영진은 그 사실을 충분히 인식하고 있었다. 그렇기에 테슬라의 사업을 지속시키기 위해서는 많은 자금을 모아서 많은 기

애플과 구글이 자동차 산업을 지배하는 날

테슬라모터스가 제조·판매한 스포츠카 스타일의 전기자동차 '로드스터'. 아쉽지만 생산이 종료되었다.

술자를 고용하고 자사의 자동차 조립공장을 정비한 다음 디자인을 포함해 전체적으로 자사의 손길을 거친 신형차를 하루빨리 시장에 투입해야 했다. 결국 이를 실현한 것이 2012년 후반부터 생산을 개시한 5도어 세단 '모델S'다. 그리고 '모델S'의 등장과 함께 '로드스터'의 생산 판매는 종료했다. 이것은 모델 체인지나 상품 업그레이드 같은 성격이 아니다. 그동안 크게 늦어졌던 2003년의 창업 당시의 사업 계획을 간신히 따라잡은 결과였다.

테슬라의 창업 당시 사정을 잘 아는 예전 관계자와 미국 전기자동차 산업계 관계자들의 증언을 바탕으로 진짜 역사를 되돌아보고자 한다.

테슬라는 전기 계열 엔지니어인 마틴 에버하드Martin Eberhard가 2003년에 설립한 기업이다. 출자자로는 현재의 CEO이며 인터넷 결제 서비스인 페이팔$_{\text{PayPal}}$의 공동 창업자였던 엘론 머스크$_{\text{Elon Musk}}$가 이름을 올렸다. 그리고 에버하드는 EV 기술의 중핵으로서 당시 미국의 전기자동차 업계에서 가장 이름이 높았던 AC프로펄션$_{\text{AC Propulsion, Inc.}}$(현 캘리포니아 주 샌디마스 시)과 업무 제휴를 맺었다. AC프로펄션을 창업한 앨런 코코니$_{\text{Alan Cocconi}}$는 GM이 1990년 후반에 발매한 전기자동차 'EV-1'의 프로토타입인 '임팩트'의 설계를 주도한 인물이다.

처음에 에버하드는 AC프로펄션이 발매를 계획했던 도요타 'xB(일본의 bB)'의 개조 전기자동차인 'eBox'를 개인용으로 구입하려 했다. 그러나 AC프로펄션의 경영 문제로 차량 인도 시기가 미정이 되었다. 그런 가운데 에버하드는 AC프로펄션의 전기자동차 기술을 이용해 테슬라가 오리지널 전기자동차를 만들면 어떻겠냐고 AC프로펄션에 제안했다. 그 기술은 크게 모터 제어 기술과 배터리 제어 기술의 두 가지인데, 이 가운데 후자의 특징은 리튬이온 2차전지 '18650'을 대량으로 사용하는 대형 전지팩이다.

'18650'은 흔히 컴퓨터용 전지로 불리는 '지름 18밀리미터×길이 65밀리미터'의 원통형 전지로, 이 명칭은 소니가 지었다. 소니는 1990년대에 민생용 리튬이온 2차전지의 개발에서 세계를 선도했다. 개발 프로젝트에 참여했던 당시 사원의 이야기에 따르면 "사내에서 개발용으로 고려했던 명칭이 훗날 일반화되었다"고 한다. 컴퓨터용으로는 몇 개의 18650을 전지팩으로 만드는데, AC프로펄션은 이것을 수천 개 단위의 전지팩으로 만들어 자동차에 탑재한다는 대담한 발상을 실현했다. 필자는 그 프로토타입의 제작 과정을 시찰한 적이 있는데, 전용 공구로 18650을 하나씩 납땜하는 아날로그 작업이었다. 그렇게까지 하면서 18650을 사용하는 이유는 가격이 저렴하고 양산품으로서 안정성이 높다는 이점 때문이었다.

에버하드는 이 AC프로펄션의 기술을 영국 로터스Lotus Cars Ltd.의 스포츠카 '엘리스ELISE'에 탑재하자고 제안했다. '엘리스'를 고른 이유는 그가 개인적으로 좋아하는 자동차이기 때문이었다. 그러나 여기에서 커다란 문제가 발생했다. 전지팩을 놓을 장소가 마땅치 않았던 것이다. 'eBox'의 경우는 차체의 바닥 밑에 전지를 깔았다. 그러나 '엘리스'의 경우는 차고車高가 낮아서 바닥 밑을 사용할 수가 없어 어쩔 수 없이 차내 공간의 후방에 높이 쌓아 올리는 형태로 탑재했다.

또 모터의 경우도 소량으로 생산해주는 기업을 좀처럼 찾을 수가 없었는데, AC프로펄션에 투자하던 타이완의 관계자가 타이완 경제부(한국의 지식경제부에 해당)에 이 문제를 상담했다. 덕분에 테슬라의 관계자는 타이완 경제부의 직원과 함께 타이완 각지를 방문했고, 공업용 모터를 제조하는 타이중 시의 '후쿠타 전기FUKUTA ELEC. & MACH. CO., LTD.'와 만나 2005년에 업무 위탁 계약을 맺었다. 후쿠타 전기의 장진평張金鋒 CEO는 2011년에 본사를 방문한 필자에게 다음과 같이 말했다.

"테슬라의 개발 위탁이 설성뇌고 수년 사이에 우리는 많은 실패를 거듭했습니다. 덕분에 투자 부담도 컸지요. 양산품을 만들기까지 정말 고생했습니다. 로드스터용은 생산이 중지되겠지만, 그 교훈을 살려서 만든 개량 모터를 도요타 RAV4 EV(테슬라와 공동 개발)와 모델S용으로 대량생산할 예정이어서 공장을 크게 확충하기로 결정했습니다."

또 모터의 제어 시스템인 인버터의 경우 타이완의 크로마^{Chroma ATE Inc.}가 '로드스터'용을 공급했지만 "모델S는 우리 회사에서 만들지 않는다"(크로마의 간부)고 한다.

테슬라의 '모델S'는 본격 전기자동차인가?

이렇게 해서 형태를 갖춘 테슬라 '로드스터'의 총 생산 대수는 2500대로 알려졌다. 그러나 고객의 피드백은 많지 않았다. "구입만 하고 거의 타지 않기 때문"(테슬라 본사 관계자)이다. 대부분 고객은 남들보다 먼저 전기자동차를 샀다는 얼리어답터(새로운 것을 좋아하는 소비자)로서의 우월감을 즐길 뿐이었던 것이다.

그런 가운데 일본에서 이 차를 구입한 사람들이 있다. 전기자동차 경주의 참가자들이다. 그 데뷔 무대는 2010년 7월 19일에 소데가우라 포레스트 레이스웨이(지바 현 소데가우라 시)에서 열린 '전일본EV선수권 제1전'이었다. 기온이 섭씨 34도, 노면 온도는 섭씨 67도인 상황에서 '로드스터'는 한 바퀴 2.4킬로미터의 코스를 두 바퀴밖에 돌지 못했다. 이 차를 탔던 레이서의 이야기에 따르면 전기팩이 가열되자 모터가 제어되어 "파워가 갑자기 4분의 1 정도로 떨어졌다"고 한다. 그는 일본의 톱 카테고리에서 연간 챔피언을 차지한 경험이 있는 레이서였다. 또 조작성에 대해서도 "자동차의 후방이 무겁고 코너링 중의 움직임이 둔해서 운전하기가 어렵다"고 말했다.

연습 주행 후 예선과 결승에 대비해 전지 팩에 드라이아이스를 올려놓고 대형 선풍기로 냉각을 시켰다. 전지팩은 수냉 방식이지만 그 효과가 한정적이었다. 그는 필자에게 "이 자동차, 미국에서도 자동차 경주에 사용되지 않나요? 거기서는 운전자가 개조를 해도 문제가 없는 건가요?"라고 물었다.

앞에서도 소개했듯이 '로드스터'는 원래 테슬러 창업자의 취미에서 시작된 프로젝트다. 이 차는 사실상 로터스 '엘리스'를 개조한 전기자동차다. 일본 언론의 절찬과는 달리 슈퍼 전기자동차가 아니라 벤처기업이 내디딘 '첫발'에 불과하다. 또 에버하드는 2008년에 머스크 등 투자가들로부터 경영 책임을 추궁받고 테슬라에서 추방당했다.

그러나 '로드스터'라는 사업의 초석이 있었기에 테슬라는 미국 에너지부로부터 4억 5180만 달러의 ATVMI 융자를 받을 수 있었다. 이 정부 보증 덕분에 도요타를 비롯한 세계 각국의 투자가가 테슬라를 주목했으며, 도요타로부터 캘리포니아 주의 도요타 공장을 사들이고 50억 엔의 투자를 받을 수 있었다.

그리고 2012년 테슬라의 사실상 첫 자사 생산 전기자동차인 '모델

S'가 등장했다. 그 완성도는 세계의 자동차 제조회사가 "벤처기업이 만들었다고는 생각할 수 없다"라고 탄성을 지를 정도였다. 이는 어찌 보면 당연한 일인데, 재규어와 랜드로버 출신 기술자들이 이 차의 설계와 개발에 대거 참여했기 때문이다. 그들은 포드가 2008년에 이 두 회사를 인도의 타타 자동차_{Tata Motors Limited}에 매각했을 때 퇴사한 뒤 미국 국내에서 재취업 자리를 알아보다 테슬라에 입사했다.

2013년에 들어서자 '모델S'는 실리콘밸리의 트렌드로서 미국 전역으로 인기가 확대되어 사분기당 수주량이 5000대를 넘어섰다. 고객은 프리미엄성과 선진성을 좋아하는 부유층이었다. '모델S' 효과로 테슬라의 주가는 3배 가까이 상승했다. 그러나 2013년에 일어난 발화 사고 3건의 영향으로 주가가 하락했다. 그리고 이 원고를 집필하는 시점에는 아직 미국 도로교통안전국의 조사가 끝나지 않은 상태다.

또 앞으로의 불안 요소로는 전지팩의 경년열화_{經年劣化}에 대한 소송 가능성이 있다. 리튬이온 2차전지의 종류는 다르지만, 닛산의 '리프'도 미국 국내에서 같은 소송에 휘말리고 있다. '모델S'가 일반 자동차의 부류로서 판매 대수가 증가할수록 테슬라의 사회적 책임은 커진다.

테슬라가 2014년 1월에 발표한 데이터에 따르면 2013년 4사분기의 판매 대수는 6900대이며, 2012년 말부터의 투계 판매 대수는 2만 5000대가 넘는다. 생산 능력은 일주일에 600대 정도, 판매 점포 수는 미국 전역에 81개 점포가 있고 24개 점포의 신규 출점이 결정되었다. 북아메리카 이외의 지역에서는 노르웨이에서 판매가 호조를 보

애플과 구글이 자동차 산업을 지배하는 날

발화 사고가 잇달아 발생한 테슬라 '모델S'. 그러나 판매는 여전히 호조여서 2013년 4사분기에는 북아메리카에서 가장 많이 팔린 전기자동차가 되었다.

이고 있으며 중국과 동남아시아에서도 출점을 진행할 예정이다. 그밖에 테슬라 전기자동차 사용자를 위해 테슬라가 독자적으로 설치한 무료 급속 충전소 '슈퍼차저'는 2013년 말 현재 80곳이 있으며 앞으로 북아메리카 내에서 설치를 확대할 계획이라고 한다.

제2차 연료전지 자동차 열풍이 시작된다?

2014년부터 2015년에 걸쳐 제2차 연료전지 열풍이 볼 것이다. 2015년에 도요타와 혼다가 연료전지 양산차를 발매한다고 공표했기 때문이다. 그리고 연료전지 자동차의 최첨단을 달리는 일본에 구미의 자동차 제조회사들이 제휴를 제의해왔다.

그러나 '왜 2015년이지?'라는 의문에 대해 대형 언론들은 명확한 이유를 설명하지 않고 있다. 그 이유가 참으로 모호해서 기사로 쓰기가 어렵기 때문이다. 필자는 2000년 전후의 제1차 연료전지 열풍 때부터 미국과 유럽, 일본 각지에서 연료전지 자동차의 동향을 꾸준히 살펴봤다. 그리고 그 결과 2015년에 양산화가 된다고 해도 아직 과제가 많이 남아 있음을 느꼈다. 그 가운데 중요하다고 생각하는 세 가지 과제를 소개하겠다.

첫 번째는 정부 시책의 근간이 흔들리고 있다는 점이다. 민주당 정권 하에서 차세대 자동차 개발의 지침을 제시한 '차세대 자동차 전략 2010'을 달성하기 위해 무리하고 있는 것이다. 이 전략에서 정부는 2020년 시점에 연료전지 자동차의 보급 대수가 승용차 신차 판매 총수의 '~1%'로 예측했다. 이것을 2012년의 승용차 판매 대수 457만 대에 대입하면 '~4만 5700대'가 된다. 언뜻 별것 아닌 숫자로 보일지도 모르지만, 현실은 다르다. 혼다가 2008년에 리스 판매를 시작한 'FCX 클라리티'의 판매 대수는 세계 시장에서 고작 200대 수준에 그치고 있다. 이런 점을 고려하면 2020년에 목표를 달성하려면 필연적으로 늦어도 2015년까지 주요 자동차 제조회사에서 양산화를 시작할 수밖에 없는 것이다.

또 연료전지 자동차의 보급보다 먼저 플러그인 하이브리드 자동차

애플과 구글이 자동차 산업을 지배하는 날

와 전기자동차가 보급되지 않으면 '차세대 자동차 전략 2010'의 로드맵이 근간부터 무너져버린다. 그래서 정부는 연료전지 자동차용 수소충전소 같은 인프라의 보급을 촉진하는 동시에 200볼트의 교류 충전과 차데모CHAdeMO(일본에서 채택한 전기자동차 충전 방식의 표준 규격—옮긴이) 방식의 직류 충전 인프라에 1005억 엔이나 되는 예산을 책정할 수밖에 없었다. 이와 같은 소동 속에서 차세대 자동차에 대한 시책을 입안하려고 하는 지방자치단체는 "중단기 계획에 이것저것 전부 집어넣기는 무리다"라며 차세대 자동차용 인프라 정비의 우선순위를 결정하지 못하고 있다.

두 번째 과제는 수소 가격이 정해지지 않았다는 점이다. 이래서는 휘발유 자동차와 비교해 '이만큼 이익'이라는 논의를 진행할 수가 없다. 수소는 천연가스 등을 개질해서 생산하는데, 일본의 경우 2000년대부터 천연가스나 알코올 등 다양한 개질 방법을 실험해왔다. 그러나 "현재까지도 아직 개질에 관한 최종적인 방침을 결정하지 못한 수소 인프라 기업이 많은 상황"(자동차 제조회사의 연료전지 자동차 개발 관계자)이다. 그런 가운데 자동차 제조회사는 1세제곱미터당 가격을 가정하면서 차량 개발을 진행하고 있다. 이것은 휘발유를 사용할 경우 주행 가능한 거리를 역산한 가격이다. "장기적으로 휘발유 가격이 오르면 올랐지 내려갈 리는 없기 때문에"(위 관계자) 수소연료는 장기적으로 봤을 때 휘발유보다 저렴할 것이라는 생각에 바탕을 두고 있다.

또 수소충전소에 관해서는 국토교통성과 경제산업성, 소방청이 규제 완화를 진행하고 있어서 충전소 1곳당 건설비용은 2000년대의 3억~4억 엔에서 1억 엔 전후로 떨어질 전망이다. 다만 인프라 사업에 관해서는 JX 일광일석 에너지JX Nippon Oil & Energy Corporation와 이와타니 산업Iwatani Corporation만 적극적일 뿐 다른 기업은 "수소 가격이 결정되지 않으면 수지를 예측할 수 없으므로 뛰어들기 어렵다"(어느 인프라 기업 관계자)며 상황을 관망하고 있다.

그리고 세 번째 과제는 '인재 문제'다. 연료전지 자동차는 2000년대 초반에 미국과 유럽, 일본에서 제1차 열풍이 불었다. 그중에서도 일본과 미국 서해안에서는 자동차 제조회사가 공동으로 실증실험을 하는 컨소시엄을 통해 개발이 진행되었다. 그런데 애초의 예정보다 인프라가 보급되지 않고 있고 또 차세대 자동차에 대한 사회의 관심이 전기자동차로 빠르게 넘어가는 바람에 연료전지 자동차는 잊힌 존재가 되고 말았다.

그러나 그런 어려운 시기에도 일본에서는 세계 최첨단의 수소 연구시설을 확충한 규슈대학을 중심으로 도요타와 닛산, 혼다의 개발진이 기업의 틀을 뛰어넘은 교류를 계속해왔다. 그들은 후쿠오카 현이 추진하는 '후쿠오카 수소 에너지 전략회의'를 무대로 세계의 연료전지 연구자와 깊게 의견을 교환했다. 이와 같은 산·학·관의 연계야말로 도요타와 혼다가 2015년부터 차세대 연료전지 자동차를 양산화하게 된 계기다. 학자와 지방자치단체의 관계자, 자동차 제조회사의 관련 부문장이 그 조직에 몸담은 사람으로서가 아니라 '차세대 기술의 실현을 꿈꾸는 한 개인'으로서 연료전지 자동차의 재기에 온 힘을 기울여왔다. 그리고 연료전지 자동차의 실수요가 아직 확실히 보이지 않는 가운데 '2015년 양산화'라는 상당히 허들이 높은 목표를 세우고 지방자치단체, 학교, 회사에서 쉴 새 없이 노력해왔다.

그러나 그 세대의 사람들이 2012~2013년에 정년 또는 퇴임을 맞이했다. 그들이 너무나도 열정적이었기에 그 의지를 이어받은 다음 세대의 사람들과는 커다란 격차가 느껴진다. 그러나 연료전지 자동차의 보급을 향한 길에는 여전히 커다란 허들이 남아 있다. 선배들이 피워온 연료전지 자동차 부활의 불씨를 꺼뜨리는 일은 절대로 없어야 한다고 진심으로 생각한다.

초소형 모빌리티는 새로운 범주의 탈것

"이미 경자동차가 있는데 새로운 소형 전동차에 손을 대는 이유를 모르겠다."

필자가 신문이나 텔레비전 등의 언론, 컨설팅 기업, 자동차 전문잡지 그리고 경자동차를 주력으로 삼은 자동차 제조회사의 관계자와 초소형 모빌리티에 대해 의견을 교환하다 보면 반드시 듣는 말이다. 또 전국 각지에서 지방자치단체가 실시하는 실증실험을 취재해도 '하이브리드 자동차도, 전기자동차도, 경자동차도 아닌 초소형 모빌리티가 왜 필요한지 잘 이해가 안 된다'는 반응이 많다.

이와 같은 목소리가 나오는 것은 당연한 일이다. 초소형 모빌리티는 일본에서 약 60년 만에 탄생할지도 모르는 새로운 자동차의 범주이기 때문이다. 초소형 모빌리티는 자동 이륜차와 경자동차의 중간적인 존재다. 국토교통성은 먼저 2010년도에 전국 6개 지역에서 단기적으로 실증실험을 했다. 그리고 '초소형 모빌리티 도입 촉진 사업'이라는 명목으로 2012년도 보정 예산과 2013년도 예산을 확보해 실증실험의 규모를 확대했다. 이에 따라 전국에서 28개 안건, 합계 597대가 대상이 되었다. 이들 차량은 국토교통성이 특별히 창설한 인정 제도에 따라 공공도로 주행이 가능하도록 경자동차의 규격을 기준으로 제작되었다. 구체적으로는 차량의 길이와 폭, 높이가 경자동차 규격(3.4미터×1.48미터×2미터) 이하인 삼륜차 또는 사륜차다. 승차 정원은 2명 이하 또는 연소자용 보조 승차장치 2개를 부착했을 경우 3명 이하이며, 동력의 출력은 정격 출력 8킬로와트 이하 또는 배기량 125cc 이하다.

2014년 1월 현재 이 규격을 만족시킨 모델은 3개다. 자동차 제조회사 중에서는 닛산의 '뉴 모빌리티 콘셉트New Mobility Concept'와 혼다의 'MC-베타', 그리고 의약품 분야에서 지명도가 높은 고와Kowa Company, Limited(본사: 아이치 현 나고야 시)가 출자한 코봇KOBOT의 '코봇 세타KOBOT θ'다. 또 많

애플과 구글이 자동차 산업을 지배하는 날

은 실증실험에서 사용되고 있는 도요타 차체TOYOTA Auto Body, Co. Ltd.의 '콤스COMS'는 원동기 장치 자전거(사륜), 통칭 '미니카'라는 범주로 판매되고 있는 상품이다. '아라코Araco'(현재는 도요타 차체와 도요타 방직으로 분산)가 2000년부터 제조를 시작했고, 2004년 10월에 도요타 차체와 '콤스' 사업을 포함한 차체 부문이 경영 통합된 뒤 2012년에 도요타 차체의 설계로 신형 '콤스'가 등장했다. 콤스의 개발 책임자는 "초소형 모빌리티를 염두에 둔 모델 체인지는 아니었습니다. 구형은 개발한 지 10년이 지난 탓에 전자장치가 구식이 되어 있었습니다. 상품으로서 시장 개척의 여지가 아직 충분하다고 생각했기 때문에 승차감을 포함해 대폭 개선할 필요가 있었지요. 또 소형 전기자동차가 지구 환경에 크게 공헌할 수 있다는 저의 개인적인 생각도 강했습니다"라고 말했다.

도요타 차체는 2013년 11월에 열린 도쿄 모터쇼에서 초소형 모빌리티에 대응한 2인승 '콤스 T·COM'을 공개했다. 2014년 초엽부터 도요타 시에서 실증실험 중인 도로교통 시스템 '하모Ha.mo'를 비롯해 몇몇 지방자치단체에 도입될 예정이다. 그밖에 세븐일레븐 재팬Seven-Eleven Japan Co., Ltd.은 택배 서비스 사업을 확대함에 따라 국토교통성의 보급 촉진 사업과 함께 자사의 투자로 2014년에 1인승 '콤스'를 1000대 규모로 전국에서 운용할 계획이다.

한편 닛산은 본사가 위치한 요코하마 시에서 '뉴 모빌리티 콘셉트'를 1분당 20엔에 빌려주는 카 셰어링 '초이모비'를 실시하고 있다. 또 혼다는 사이타마 시에서 도심지의 데이터, 구마모토 현에서 중심 시가지, 도시 교외, 중산간지의 데이터, 그리고 오키나와 현 미야코지마 섬에서 낙도의 데이터를 수집하기 위해 'MC-베타'의 실증실험을 하고 있다.

이와 같은 전국 각지의 실증실험에서 가장 중요한 점은 '철저한 문제점 지적'이다. 가령 닛산의 '뉴 모빌리티 콘셉트'는 르노가 프랑스에서 발매하고 있는 '트위지Twizy'와 동일 모델로, 일본의 도로 사정과 일본인의 생활 방식을 염두에 두고 설계된 것이 아니다. 닛산은 초소형 모빌리티에 관한 법 정비가 완료되었을 때 일본에서 설계한 모델을 등장시킬 가능성이 있다. 그래서 실증실험을 통해 이용자의 생생한 목소리를 더 많이 수집하고 싶어 한다. 닛산의 관계자와 실증실험을 하고 있는 지방자치단체의 관계자는 "20~30대 이용자는 목적이 관광 같은 것이어서 긍정적인 피드백이 많습니다. 하지만 어딘가 모범답안 같은, 무난한 의견이 많지요. 반면 실제 구매층이 될 것으로 예상되는 고령자로부터는 여러 가지 신랄한 의견도 나오고 있습니다"라고 말했다.

또 전국 각지에서 생생한 의견 중에는 "가격은 50만 엔 정도가 타당하다. 70만~80만 엔씩 한다면 차라리 그 돈으로 다이하쓰의 미라이스Mira e:S 같은 경자동차를 살 것이다. 경자동차는 문도 있고 냉난방 장치도 있다. 게다가 4명 이상이 타고 멀리까지 나갈 수도 있으며, 실내의 품질도 높다"는 목소리도 컸다.

애플과 구글이 자동차 산업을 지배하는 날

도요타 차체가 발표한 1인승 초소형 전기자동차 '콤스'. 2000년부터 11년에 걸쳐 판매된 1세대의 후속 모델이다.

　면허 제도에 대해서도 '고령자를 위해 일반 면허가 아니라 사유지나 전용 도로에서 탈 수 있는 한정적인 면허 제도도 고려해줬으면 좋겠다'는 의견이 많았다. 현행의 면허 제도에서는 면허를 갱신할 때 나이가 70세 이상이면 고령자 강습을 받도록 의무화되어 있다. 또 75세 이상은 강습 예비 검사로 인식 기능 검사를 받는다. 즉 자동차 운전의 경우 고령자란 70세 이상을 가리킨다. 경찰청 교통국의 2012년도 통계에 따르면 전체 운전면허 소지자 중 70세 이상의 남성은 13퍼센트인 602만 명이며 여성은 6퍼센트인 222만 명이다. 최근 들어 각 지방 경찰본부는 고령자의 면허 반납을 촉구하는 홍보 활동을 펼치고 있는데, 초소형 모빌리디의 등장으로 사정이 바뀔 가능성이 있다.

초소형 모빌리티는 고령자 대책으로서, 중산간 지역의 새로운 교통수단으로서, 교외형 주택의 쇼핑 난민(주변의 재래식 상점가가 문을 닫아 주거지 근처에서 생필품을 구입하기가 어려워진 사람들—옮긴이) 대책으로서, 나아가서는 도회지나 관광지에서의 패션 아이템으로서 다양한 가능성을 품고 있다. 그러나 보급이 많이 증가하려면 가령 휘발유 가격이 리터당 250엔 이상으로 폭등하는 등 경자동차가 아니라 초소형 모빌리티를 살 수밖에 없는 상황이 만들어져야 한다. 전국 각지에서 초소형 모빌리티에 대한 실수요 조사가 요구된다.

앞날이 불투명한 개인용 로봇 사업

인간형 로봇인 휴머노이드 분야에서 일본은 세계를 선도해왔다. 자동차 제조회사 가운데 혼다의 '아시모ASIMO'는 2000년에 등장한 이래 자율성 높은 제어로 진화해갔다. 또 도요타는 2005년의 아이치 국제박람회에서 트럼펫을 연주하는 로봇을 공개했으며, 최근에는 의료 분야에서 '개인 보조 로봇'의 프로토타입에 대한 실증실험을 진행하고 있다.

그러나 필자의 느낌으로는 양사 모두 로봇 사업의 장래 구상에 고심하고 있는 듯이 보인다. 양사 관계자의 말을 들어보면 '상용화를 향한 구체적인 계획이 보이지 않는 것에 대해 사내에서 여러 가지 의견이 있는' 상황으로, 양산화가 늦어지고 있다. 게다가 이러는 사이에 미국이 DARPA의 '로보틱스 챌린지'를 통해 휴머노이드 개발의 주도권을 쥐려는 움직임을 본격적으로 시작했다. 혼다와 도요타는 이 대회에 참가할 의사가 없었다. 왜냐하면 미국의 국방 예산을 써서 실시하는 대회에 민간 기업으로서 참가하기가 망설여졌기 때문이다.

군수라는 명확한 실수요가 있기 때문에 미국의 휴머노이드 기술 개발력은 단기간에 집중적으로 향상될 것이다. 그들이 지향하는 것은 전쟁터나 재해 지역에서 자율적으로 활동하는 로봇 병사다. 한편 일본 사회에서는 휴머노이드의 실수요가 뚜렷하지 않은 까닭에 높은 기술력이 있음에도 결과적으로 그 일부만을 떼어내 개호와 의료 분야에 활용하는 수준에 그친 것이 현실이다.

이와 같은 미국의 과감한 로봇 개발 전략은 서서 타는 로봇 분야에서도 효과를 발휘하고 있다. 바로 세그웨이Segway다. 미국에서는 공공도로 주행이 불가능하지만, 공항과 이벤트 회장, 쇼핑센터 등의 경비용이나 관광지 투어용으로 활용되고 있다. 일본에서도 공항과 관광시설 내, 그리고 이바라기 현 쓰쿠바 시에서는 내각부의 구조 개혁 특별 지역인 모빌리티 로봇 실험 특구에서 세그웨이를 사용하고 있다. 그러나 서서 타는 로봇 형식의 초소형 모빌리티에 대한 규정은 2인승 초소형 모빌리티에 내한 법이 정비되는 2016~2017년 이후로 미뤄질 듯하다. 그런 가운데 교통법규를

서서 타는 전동 이륜차 '세그웨이'. 나아가고 싶은 방향으로 체중을 실으면 전후 이동과 방향 전환을 할 수 있다.

무시하고 소형 전동차의 부류이면서 보행자 취급을 받는 전동 휠체어로 위험하게 공공도로를 달리는 고령자가 많다는 사실은 국토교통성과 경찰청이 해결해야 할 과제다. 서서 타는 로봇은 이 영역과 일부 중복되기 때문에 양산화까지는 아직 많은 장해물을 넘어야 한다.

일본의 서서 타는 로봇으로는 도요타가 소니로부터 사업을 이어받은 '윙렛Winglet'이 있다. 모터쇼 등 전국 각지의 자동차 관련 이벤트에서 체험회가 열리고 있으며, 시승한 사람들 대부분이 '근미래의 탈것'에 강한 관심을 나타냈다. 그러나 이 제품은 특허나 의장意匠에 대해 타 기업과 법적 협의를 해야 하므로 2014년 1월 현재로서는 명확한 양산화 계획이 잡혀 있지 않다.

또 혼다는 작은 의자에 걸터앉은 상태에서 움직이는 소형 전동 이동체 '유니커브Uni-CUB'를 개발하고 있다. 이쪽도 각지의 이벤트에서 실중실험을 하고 있는데, 전동 휠체어와 비슷하게 도로교통법상의 그레이존에 있어 양산화 계획은 아직 미정이다.

이처럼 일본에서는 휴머노이드도, 서서 타는 로봇도 미국의 군수 같은 명확한 실수요가 없으므로 기업의 선행 기술 개발이라는 범주에 머물 가능성이 큰 상황이다.

젊은이들의 자동차 이탈과 자동차의 서브컬처화

일본 젊은이들의 '자동차 이탈'을 이야기하기에 앞서 미국 젊은이들의 '자동차 이탈'을 소개하고자 한다. 이것을 보면 일본의 특수한 사정이 보인다.

1990년대 후반부터 2000년대 초반, 미국에서 임포트카(혹은 스포츠 콤팩트카) 열풍이 불었다. 여기에서 '임포트카'는 일본 차, 특히 개조한 일본 차를 가리킨다. 필자는 당시 언론인으로서, 그리고 자동차를 만드는 사람으로서 이 열풍의 한가운데 있었다.

열풍의 시작은 로스앤젤레스 주변의 한국계 또는 중국계 갱이 여는 불법 파티였다. 미성년자도 술을 마시는 이 파티장에서 젊은이들은 자가용을 개조해 서로에게 자랑했다. 구로 혼다의 '시빅_{Civic}'이나 아큐라의 'RSX' 같은 전륜 구동차가 많았는데, 그들의 아버지가

1980~1990년대에 구입했던 차를 물려받은 것이었다. 이 파티는 '쇼'라고 불리게 되었다. 어두컴컴한 회장에 자동차가 늘어서고, 일본의 레이싱 모델을 흉내 낸 피부 노출도가 높은 젊은 동양계 여성이 자동차 옆에 섰다. 그리고 언제부터인가 쇼에 모여든 젊은이들은 시가지의 직선 도로에서 자동차 두 대가 속도를 겨루는 '드래그 레이스'를 시작했다. 영화 〈아메리칸 그래피티American Graffiti〉를 따라 한 것인데, 이윽고 이 드래그 레이스는 로스앤젤레스 북부 교외의 랭커스터에 있는 드래그 레이스장에서 정기적으로 열리게 된다. 그러자 이와 같은 일본 차 열풍을 감지한 일본의 자동차 개조회사와 개조숍이 일본에서 원정을 왔다. 그리고 이것을 일본의 개조차 잡지와 비디오 매거진 〈옵션〉 등이 취재해 소개했다.

그러던 어느 날 사건이 일어났다. 랭커스터의 한 모텔에서 갱들이 총을 쏘고 나이프를 휘두르는 큰 싸움을 벌인 것이다. 밤 9시경에 일어난 사건이었는데, 경찰은 순식간에 거리 전체를 봉쇄했다. 경찰차 수십 대와 헬리콥터 여러 대가 지상과 공중에서 갱들을 포위했다. 그 현장은 마치 영화의 한 장면 같았다.

또 로스앤젤레스 이외의 지역에서는 텍사스 주 근교에서 개조된 일본 차 수백 대가 모여서 일제히 공공도로를 달리다 경찰에 일망타진되고 차량도 전부 몰수당하는 사건이 발생했다.

이와 같은 각지의 소동은 젊은이들의 새로운 트렌드로서 동양계와 히스패닉계 젊은이들을 중심으로 미국 전역에 확산되었다. '폭주

족' '만안灣岸 폭주' '드리프트 최고' 등의 일본어 스티커를 붙이고 달리는 일본 차가 각지에서 증가했다.

이 열풍을 영화화한 것이 바로 〈분노의 질주The Fast and the Furious〉다. 필자는 1편의 촬영 현장을 입회했다. 이 작품은 미국 영화 관계자들의 예상을 크게 웃도는 전 세계 흥행 수익 2억 달러를 기록했으며, 속편도 2억 3600만 달러를 벌어들였다. 그러나 2006년에 개봉한 3편은 흥행에서 참패를 기록했다. 무대를 일본으로 옮겼지만, 흥행 수익은 1억 5800만 달러로 곤두박질쳤다. 이 시점에서 미국의 임포트카 열풍은 막을 내린 상태였다. 일본에서의 개조 자동차 열풍도 괴멸에 가까운 상태였다. 이렇게 해서 영화 〈분노의 질주〉는 2009년의 4편 이후 전세계 시장을 겨냥한 자동차 액션 오락 영화로 변신했다. 미국 자동차가 주역이 되어 전혀 다른 재미를 주며 대성공을 거두고 있다.

한편 미국에서 임포트카의 열풍이 불고 있을 때 자사의 자동차가 개조에 많이 이용되었던 혼다는 기본적으로 '공공도로 주행을 위한 불법 개조도 용인되고 있는 상황에서 적극적으로 관여할 생각은 없다'는 자세를 보였다. 그러자 도요타는 젊은이를 타깃으로 삼은 북아메리카 전용 브랜드 '사이온Scion'을 만들어 개조 혼다 자동차의 교체 수요를 노렸다.

이 열풍이 불고 있을 무렵 필자는 '개조 일본 차는 만화, 애니메이션, 패션과 어깨를 나란히 하는 일본의 문화가 될 것이냐'라고 생각했다. 그러나 결국은 일시적인 유행으로 끝나고 말았다. 그 이유는 미국의 소수파 젊은이들이 동경한 대상이 '일본의 위법행위'였기 때문이다. 그것을 모방하려 했지만, 미국 사회는 그것을 용납하지 않았던 것이다.

'어른이'가 스마트폰과 자동차의 가교 역할을 할 것이다

그러면 다시 일본의 이야기로 돌아가자. 1960년대의 일본 젊은이들에게 '자동차는 시대의 최첨단을 달리는 멋진 물건'이었다. 젊은이 문화의 발신원이었던 잡지 〈헤이본 펀치〉의 기획은 항상 '여자, 패션, 자동차'에 집중되어 있었다.

1970년대에는 석유 파동이 일어났지만, 그 직후에 만화 잡지인 〈주간 소년점프〉에서 연재된 이케자와 사토시いけざわさとし의 만화 《서킷의 늑대》를 계기로 슈퍼카 열풍이 불었다. 현재 일본의 자동차 제조 회사에서 상품 기획이나 디자인을 맡고 있는 주임급은 이 슈퍼카 세대다. 그리고 1980년대 후반부터 1990년대 초반에 버블이 붕괴될 때까지는 젊은이들 사이에서 '여대생이 동경하는 차는 붉은색 아우디 80' 롯폰기의 코롤라COROLLA, 벤츠 190E(롯폰기에서는 벤츠 190E가 일본의 국민차인 코롤라만큼 흔하다는 의미. 참고로 코롤라는 단일 모델로 전 세계에서 가장 많이 팔린 자동차다―옮긴이)' 유행은 스웨덴의 사브SAAB와 같이 외

제차 열풍이 불기도 했다.

또 1990년대에는 닛산의 'S14형 실비아' '32/33 GR-R', 마쓰다의 'FD RX-7' 등의 개조차가 인기를 끌었다. 이 흐름은 앞에서 소개한 미국의 임포트카 열풍으로 이어진다. 1990년대 후반에 미국의 소수파 젊은이들이 동경했던 것은 일본에서 일어나던 '미국에서는 꿈도 꿀 수 없는 위법행위'였다. 예를 들면 고갯길 드리프트 같은 것이다. 만화《이니셜 D》(시게노 슈이치しげの秀一)는 현실이었다. 또 개통된 지 얼마 안 되었을 무렵의 도쿄 만 아쿠아라인은 편도 통행료가 3000엔이라 교통량이 적었기 때문에 '시속 300킬로미터 도전'이 당연시되었다. 그리고 개조용으로 판매된 상품으로는 대형 터보, 보디 장식인 에어로파츠, 티타늄을 버너로 그을려서 일곱 빛깔로 발색시킨 머플러, '차코초'라고 부르는 차고 조정식 고성능 서스펜션 등이 있었다. 한마디로 자동차를 가지고 놀 거리가 무궁무진했다.

한편 미국에서는 1970년대에 이미 젊은이들의 자동차 이탈이 일어나고 있었다. 배기량이 큰 미국 자동차가 배기가스 규제로 일본 자동차에 시장을 빼앗긴 뒤로 젊은이를 비롯한 미국인들 사이에서 자동차의 단순 이동수단화가 가속되었다. 미국은 2009년에 중국에 추월당하기 전까지 오랫동안 세계 최대의 자동차 제조 판매국이었다. 그러나 문화적인 관점에서 보면 미국에서는 1970년대 이후 자동차와 관련된 커다란 움직임이 일어나지 않았다. 1990년대의 임포트카 열풍은 특수한 사례였지만, 개조차를 둘러싼 일본과 미국의 사회 환경이 크게 다른 탓에 미국의 임포트카 열풍은 자멸하고 말았다. 그리고 이 원고를 집필하고 있는 2014년 1월 현재 일본에서도 개조차 비즈니스는 닫힌 코스에서 열리는 드리프트 경기 참가자의 수요가 다소 남아 있을 뿐 시장으로서는 거의 소멸된 상태다. 과격함을 지나치게 추구한 나머지 소재가 고갈되자 식상함을 느낀 젊은이들이 떠나버린 것이다.

또 개조에 적합한 자동차가 시장에서 사라진 것도 열풍의 종언을 앞당겼다. 미쓰비시의 '랜서 에볼루션Lancer Evolution'과 스바루의 'WRX STI', 닛산의 'GT-R'이라는 삼총사는 건재하지만, 신차 상태로도 외관과 주행성능, 완성도가 높으므로 굳이 개조하고 싶은 마음이 생기지 않는 것이다. 차량 탑재 컴퓨터가 고도화되어 엔진의 출력 상승 등의 개조에 필요한 데이터를 예전처럼 수집할 수가 없다는 사정도 있다.

필자는 〈주간 영점프〉의 별책으로 'WRX'를 다룬 만화 《전개가족全開家族》(2007년)과 'R35 GT-R'을 다룬 《GT-R 리턴즈》(2008년)의 기획과 원작 시나리오를 썼는데, 그 무렵을 정점으로 일본 자동차 시장에서 개조차 삼총사의 영향력도 하락하기 시작했다. 그리고 리먼 쇼크가 발생하자 시대의 흐름은 '에코카'로 넘어갔다. 2010년대에 들어와서는 하이브리드 자동차와 경자동차, 미니밴 등 에코카 전성시대를 맞이했으며 자동차의 단순 이동수단화가 가속되었다.

그리고 이런 사회 속에 서브컬처로서의 자동차 분야가 존재한다.

1990년대의 개조용 자동차로 닫힌 코스에서 여는 드리프트 경기, 그리고 이타샤痛車(차체를 애니메이션 캐릭터나 게임 캐릭터 등의 그림으로 도색한 자동차—옮긴이) 등이다. 여기에 참여하는 사람들의 연령대는 매우 폭넓다. 마치 'AKB48'이나 '모모이로 클로버 Z' 같은 아이돌 그룹의 팬과 흡사하다. 필자는 이런 층을 '어른이(어른+아이의 합성어로, 일반적으로 '키덜트'라 칭함—옮긴이)'라고 부른다. '어른이'들은 스마트폰도 좋아한다. 그들은 스마트폰과 자동차를 연결하는 가교가 될 수 있다. 그리고 동시에 스마트폰이 자동차를 점령하는 것을 가속시킬지도 모른다. 그들은 차세대 텔레매틱스로 도배된 최신 자동차에 '자동차로서의 매력'을 느끼지 않기 때문이다. 그들이 최신 자동차에서 흥미를 느끼는 것은 스마트폰과의 연결성이며 풍부한 애플리케이션이다.

그런 가운데 서브컬처화된 일본의 자동차 마니아는 자동차 제조회사가 생각하지 못하는 일본형 갈라파고스의 텔레매틱스 분야를 만들어낼지도 모른다. 또 자동차 제조회사도 '어른이'를 타깃으로 한 자동차 관련 차세대 고급 상품의 개발을 서두르고 있다. 그 일례가 고급 스포츠카를 이용한 '자동운전 서킷 시뮬레이션'이다. 프로 레이서가 주행한 데이터를 자신의 차에서 재생함으로써 운전자가 프로 레이서의 핸들 조작법이나 브레이크 밟는 법 등을 실제로 체험할 수 있다. 현재 미국과 유럽, 일본의 각 회사가 연구를 진행하고 있으며, 노입이 예상되는 모델도는 혼다의 차기 'NSX'외 잇신의 'GT R', 도요타가 2014년 1월의 디트로이트 모터쇼에서 공개한 'FT-1'의 양산형으로 추정되는 차기 '수프라_{SUPRA}' 등이 있다. 한마디로 플레이스테이션의 인기 게임 '그란투리스모'의 실제 자동차 버전이며, 가상현실과 현실을 직접 연결하는 것이다.

이와 같은 자동운전 영역에 이르기 전의 상품으로는 GM이 2015년 초에 쉐보레 콜벳_{Corvette}에 탑재할 예정인 '데이터 레코더'가 있다. 자차의 주행을 차량에 탑재된 카메라로 녹화하면 여기에 주행 속도와 시프트 포지션, 가·감속의 가속도, 엔진 회전수 등이 표시된다.

이렇게 자동차는 '어른이'를 위한 어른의 장난감이 되어갈 것이다.

4장

스마트폰이 바꿀
자동차 비즈니스의 미래

T E L E M A T I C S

생활을 자동차 안으로 들여오는 '브로트 인'

차세대 텔레매틱스에서 중요한 키워드로 '브로트 인Brought In'이 있다. 이것은 'Bring(가져오다)'의 과거·과거완료형인 'Brought'에 전치사 'In'이 붙은 형태로 '스마트폰 등의 정보 단말기를 차 안으로 들여온다'는 의미다.

2007년에 아이폰이 등장한 직후부터 '커넥티드카'라는 말이 유행하기 시작했다. 그전까지 자동차는 주로 카 내비게이션 등의 차량 탑재 기기에 전송되는 프로브 교통 정보를 통해 외부와 연결되어 있었다. 그런데 여기에 스마트폰이 끼집고 들어온 것이다. 프로브 교통 정보란 자차의 위치 정보를 자동차 제조회사의 서버가 해석하는 쌍

방향 통신 시스템이다.

그리고 2010년대 중반이 되면 이런 상황은 더욱 진화한다. 가정과 업무, 취미, 연애 등 자신의 생활 데이터를 스마트폰을 통해 관리하는 시대가 본격화될 것이다. 스마트폰으로 데이터를 일원 관리하면 생활이 매우 효율적이 되기 때문이다. 그리고 사람들은 이 생활을 통째로 자동차 안으로 들여오고 싶어 할 것이다.

이와 같은 사회의 변화에 대해 자동차 제조회사들은 고뇌에 빠졌다. 차내에서의 스마트폰 사용에 대한 법적 해석이 모호하기 때문이다. 일본의 경우 휴대전화의 자동차 내 이용에 관해 도로교통법 제71조 운전자의 준수 사항의 5의 5에 다음과 같이 규정되어 있다.

…자동차 또는 원동기 장치 자전거(이하 '자동차 등'이라고 한다)를 운전할 경우에는 해당 자동차 등이 정지해 있을 때를 제외하면 휴대전화용 장치, 자동차 전화 장치, 기타 무선 통화 장치(그 전부 또는 일부를 손으로 들어야 송신 및 수신을 행할 수 있는 것에 한한다)를 통화(병자 및 부상자의 구호 또는 공공 안전의 유지를 위해 해당 자동차 등의 주행 중에 긴급히 행할 수밖에 없는 경우는 제외한다)를 위해 사용하거나 해당 자동차 등에 부착되어 있거나 자동차 안에 있는 화상 표시용 장치(도로운송차량법 제16호 또는 제17호 또는 제44조 제11호에 규정된 장치는 제외한다)에 표시된 화상을 주시하지 않을 것…

애플과 구글이 자동차 산업을 지배하는 날

구체적인 예를 들면 운전 중에 휴대전화를 손에 든 상태로 통화하거나 메시지 또는 페이스북 등의 SNS를 조작하는 것은 법률 위반이다. 운전자가 차내에서 휴대전화를 조작하려면 대시보드 등에 휴대전화 거치대를 장착해야 한다. 이와 같은 법적 해석은 일본뿐만 아니라 미국이나 유럽에서도 기본적으로 똑같다. 그러나 스마트폰이 급격히 보급됨에 따라 2007년 이전에는 운전 중의 행동으로 가정하지 않았던 제품이나 서비스가 잇달아 등장했다. 가령 애플리케이션으로는 내비게이션 속에 SNS의 요소를 담은 'WASE' 등이 있다.

앞으로 운전자는 좀 더 편리하게, 좀 더 즐겁게, 좀 더 일상생활에 가까운 형태로 차내 공간을 이용하려 할 것이다. 소비자는 생활을 차 안으로 '브로트 인'할 것이다. 이를 내다보고 미국을 중심으로 한 IT 기업과 통신 인프라 기업이 자동차 산업의 진화를 꾀하고 있다. 이것은 항공 업계의 진화와 비슷하다. 미국에서는 지금까지 민간 항공기 안에서 휴대전화나 컴퓨터를 사용하는 데 대해 규제가 매우 엄격했다. 그러나 최근에는 유럽이나 일본보다 상당히 적극적으로 규제 완화에 나서고 있다. 미국 언론의 각종 보도에 따르면 2014년에는 상공에서의 통화나 메시지 전송이 해금될 가능성이 높다.

항공기는 승객이 조종하는 것이 아니므로 당연히 스마트폰을 자유롭게 사용할 수 있어야 하는지도 모른다. 그러나 비행 중에 각종 전파가 날아다니는 것은 항공기 운항의 보안과 안선이라는 측면에서 이익이 되지 않는다. 기내에서의 정보통신기기 사용 규제가 이렇게까지 완화되리라고는 아마 항공 업계의 관계자들도 거의 생각하지 못했을 것이다. 그러나 소비자의 편의와 항공 산업계의 경쟁 심화가 미국 정부를 움직였다. 그리고 여기에는 당연히 규제를 완화하더라도 안전 운항을 보증할 수 있는 기술 개발이 뒷받침되어 있다. 이처럼 항공 산업계에서 확산되고 있는 스마트폰의 '브로트 인'은 자동차로의 '브로트 인'을 현실화시키는 커다란 계기가 될 것이다.

이렇게 우리 생활 곳곳에서 '브로트 인'이 진행되는 가운데 최근 들어 착용형 단말기Wearable Devices가 주목받고 있다.

운전할 때 구글 글래스를 착용하는 것은 위법?

손목시계 스타일과 안경 스타일 등 몸에 착용하는 '착용형 단말기'의 상품화가 진행되고 있다. 예를 들어 구글은 2013년에 안경 스타일의 착용형 단말기인 '구글 글래스Google Glass'를 개발자 한정으로 1500달러에 판매했다. 2014년의 CES 회장에서도 구글 글래스를 자랑스럽게 끼고 있는 사람을 자주 볼 수 있었다. 또 CES 주최자는 2014년에 착용형 단말기가 유행할 것으로 내다보고 1980년대부터 2010년대에 등장한 24가지 종류의 안경 스타일 착용형 단말기를 전시했다.

미국에서는 지금 구글 글래스의 차내 이용에 관한 논쟁이 벌어지

애플과 구글이 자동차 산업을 지배하는 날

고 있다. 2013년 11월에 캘리포니아 주 샌디에이고에서 한 여성 IT 기업 창업자가 구글 글래스를 착용한 채 자동차를 운전하다가 현지 경찰에게 교통법규 위반 딱지를 발부받았다. 그런 2014년 1월에 샌디에이고 지방법원은 그 위반 딱지가 무효라는 판결을 내렸다. 주행 중에 구글 글래스를 착용하고 있었더라도 단말기의 전원이 들어와 있었는지, 또 어떤 기능을 사용하고 있었는지 특정할 수 없다는 이유에서였다. 애초에 구글 글래스는 스마트폰인지, 아니면 HUD(헤드 업 디스플레이)인지 명확한 정의가 없다. 또 스마트폰으로 간주된다고 해도 안경 스타일의 착용형 단말기는 시야의 일부에 데이터가 표시되므로 '2초 룰을 위반하지 않는다'는 의견도 있다. 구글 글래스가 일반에 판매되는 시점에서는 교통법규의 일부 변경이 필요할 것이다.

손목시계 스타일의 착용형 단말기인 스마트 워치도 각 제조사에서 다양한 모델이 등장하고 있는데, 그중에서 가장 많은 분야는 건강관리다. 또 자동차 제조회사 중에서는 메르세데스-벤츠의 실리콘밸리 연구소가 벤처기업인 '페블Pebble Technology Corporation'과 공동 개발한 시작품을 공개했다. 이 연구소의 개발자는 "차량 탑재 기기에 대한 커맨더(조작기)라는 위치가 아니라 스마트폰이나 태블릿과 연동하는 패션 아이템의 요소를 강화했습니다"라고 설명했다. 또 독일의 자동차 부품 제조회사인 보쉬는 패션 브랜드와 손잡고 스마트 워치 홍보 활동을 펼친다고 발표했다.

자동차를 운전하거나 조수석 또는 뒷좌석에 앉아 있을 때, 편리성만을 생각하면 현시점에서의 스마트 워치는 터치 패널이 작아서 사용하기 불편한 스마트폰이다. 그래서 일단은 고급차 브랜드의 패션 아이템으로 등장했다. 그러나 차내의 '브로트 인'으로서 손목에 장착하는 형태에는 다양한 가능성이 숨어 있다는 것이 필자의 생각이다.

가까운 시일 내에 어떤 형태로든 자동차를 위한 착용형 단말기와 관련된 커다란 진보가 일어날 것이다.

스마트폰이 디지털 열쇠가 된다

일본에서는 스이카Suica나 에디Edy 같은 비접촉형 IC 카드 방식의 근거리무선통신NFC 기술이 사람들의 생활을 크게 바꿔놓았다. NFC는 ISO(국제표준화기구)와 IEC(국제전기통신회의)에서 규정한 통신기술로, 이 규격에는 타입A와 타입B, 펠리카Felica 등의 종류가 있다. 일본의 스이카나 에디는 소니와 필립스(개발 담당)가 공동 개발한 펠리카를 채용했으며, 유럽에서는 MIFARE라고 부르는 타입A가 주류다.

2001년에 스이카가 등장한 이래 일본 국내에서는 JR과 사철, 버스, 편의점, 슈퍼마켓 그리고 각종 자동판매기로 이용이 확대되었다. 2013년 3월부터는 전국의 교통 IC카드의 상호 이용이 시작되었

애플과 구글이 자동차 산업을 지배하는 날

고, 같은 해 7월에는 월간 이용 건수가 2010년 5월의 약 2배에 해당하는 1억 건을 돌파했다.

또 자동차와 관련된 이용에도 새로운 움직임이 있다. 2013년 10월부터 도요타 렌터카에서 스이카 등 9개 브랜드의 교통 IC카드로 결제할 수 있게 되었다. 그뿐만 아니라 같은 해 11월의 도쿄 모터쇼에서는 독일의 자동차 부품 제조회사인 콘티넨탈이 NFC 타입A를 사용해 스마트폰에 자동차 열쇠 기능을 부여한 '디지털 열쇠' 시스템을 전시했다. 블루투스와의 페어링도 가능하므로 차내에서 폭넓은 용도로 활용할 수 있다. 실용화에 대해서는 "먼저 카 셰어링 영역에서 보급시키는 것이 1단계이고, 그다음에 일반 차량으로 확대해나가려 합니다"(콘티넨탈의 담당자)라고 한다.

한편 IT 산업의 중심지인 미국에서는 일본만큼 NFC의 보급이 진행되지 못하고 있다. 그 이유는 여러 가지가 있다. 가령 신용카드 문제가 있는데, 미국은 원래 신용카드 사회여서 슈퍼마켓이나 주유소 등에서 계산할 때 신용카드나 직불카드를 사용해왔다. 그리고 신용카드 회사들은 매년 연말에 카드 이용 금액의 몇 퍼센트를 환급해주는 등의 방법으로 고객 획득 경쟁을 벌이고 있다. 그래서 스마트폰이 보급된 지금도 스마트폰 본체에 NFC 기능을 부여하고 '스퀘어Square' 등의 카드 리더를 통해 과금하는 방식이 우선되고 있다.

또 한 가지 중요한 이유도는 미국의 경우 내중교통을 안심하고 이용할 수 없다는 사회 사정이 있다. 필자는 미국의 대도시권 내를 이동할 때 현지의 생활상을 접하기 위해 렌터카뿐만 아니라 지하철이나 버스도 적극 이용하고 있다. 그러면 특히 버스는 저소득층이나 중류 이하의 이용객이 많으므로 관광객이 편하게 탈 수 있는 분위기가 아니다. 또 승차권 구입 방법과 요금 체계도 제각각이고 승차권 발매기가 고장이 나 있는 경우도 있다.

그리고 가장 큰 이유는 2014년 1월 현재 아이폰이 NFC를 지원하지 않는다는 점이다. 미국에서는 아이폰이 스마트폰의 트렌드를 만들어왔다. 즉 아이폰이 NFC를 지원한다면 미국에서도 대중교통이나 자동차의 디지털 열쇠를 포함한 NFC의 신시대가 도래할지 모른다.

차내 공간의 디자인 혁명

자동차 제조회사의 많은 디자이너가 최근 자동차 디자인에 대해 고민하고 있다. 향후의 방향성이 전혀 보이지 않는다고 한다. 차내 디자인은 1800년대 후반에 자동차가 탄생한 이래 한 번도 크게 바뀐 적이 없는데, 그것이 지금 커다란 변화를 꾀해야 할 상황에 놓였다. 차세대 텔레매틱스의 '브로트 인'으로 차내 인테리어 조형 자체의 대전환기가 찾아올 것이기 때문이다.

앞으로 자동차 안에 '브로트 인'될 것은 스마트폰만이 아니다. 소비자는 차내가 스마트폰을 사용하기 편한 공간이 되게 해달라고 요구한다. 그런데 소비자도, 자동차 제조회사도 그것이 정확히 어떤 공간인지 명확한 이미지를 갖고 있지 못하다. 다만 자동차 제조회사 측은 '지금 상태로는 안 된다'는 초조함을 느끼고 있다.

사실은 차내 디자인에 커다란 변화의 조짐이 보이던 시기가 과거에 딱 한 번 있었다. 바로 1950년대의 미국이다. 제2차 세계대전의 승리로 호황을 누리는 가운데 세계 자동차 산업의 중심지였던 디트로이트에서는 자동차의 고급화가 가속되었다. 겉모습은 '더 크고 더 화려하게', 엔진은 '더 크고 더 힘세게', 그리고 차내 디자인은 '더 호화롭고 더 독특하게' 만들기 위한 개발 경쟁이 과열되었다. 그런 가운데 차내 디자인을 쇄신하고자 고급 주택의 응접실을 그대로 가져온 디자인이 유행했다. 가죽 시트, 페르시아산 등의 고급 피륙을 사용한 내장, 그리고 고급 위스키와 와인을 놓을 수 있는 호화로운 가구 형식의 캐비닛을 설치했다. 엔터테인먼트를 위해서는 고급 오디오 유닛을 탑재했다. 턴테이블을 장착한 콘셉트 모델도 등장했다.

이처럼 조금 도가 지나치다는 느낌을 주는 트렌드는 1960년대에 들어서자 자연스럽게 가라앉았다. 그 후 1970~1980년대에 걸쳐 보디의 충돌 안정성이 규정되자 차내 디자인의 자유도가 낮아졌다. 게나가 운전석뿐만 아니라 소수석과 차내 곳곳에 에어백이 상착되면서 디자이너로서는 모험적인 차내 디자인을 하기가 어려워졌고, 어느덧 모든 회사의 차내 디자인에 큰 차이가 나지 않게 되었다. 그런데 2010년대에 들어와 차세대 텔레매틱스의 양산화가 시작되면서 또다시 차내 디자인에 이목이 쏠리기 시작한 것이다.

차내 디자인 혁명의 중심은 공간의 활용이다. 이것은 차내를 넓게 활용하는 기능성을 의미하는 것이 아니라 공간 자체가 차내 디자인이 된다는 발상이다. 구체적으로 스마트폰에서는 실용화되어 있는 비접촉 화면 조작이나 손가락으로 터치 패널에 직접 문자를 쓰는 입력 방식 등이다. 여기에 음성인식이 더해지면 운전자나 동승자는 차내 공간 전체를 이용해 자동차와 의사소통을 할 수 있게 된다. 인마일체人馬一體, 아니 인차일체人車一體가 되는 것이다. 그렇게 되면 대시보드 등의 차내 조형물은 단순한 '사람과 자동차 사이에 있는 것' 또는 '공간의 배경'으로 격하된다. 그러므로 현재는 당연시되고 있는 차체의 중심선상에 센터 콘솔을 배치한 좌우 대칭의 조형이 불필요해지는 날이 올지도 모른다.

일본 시장에서는 원박스카라는 범주가 있는데, 그 원박스카의 차내 조형은 박스가 아니라 세단이나 쿠페와 거의 차이가 없다. 그러나 앞으로 본격화될 '브로트 인'에 대응한 차 중에는 정말로 상자 같은 조형이 등장할지도 모른다.

애플과 구글이 자동차 산업을 지배하는 날

차세대 기술이 차내 공간을 크게 바꿔놓는다

차세대 텔레매틱스가 본격적으로 보급되기 위해 꼭 필요한 것은 HMI_{Human-Machine Interface}와 HUD_{Head-Up Display}의 기술 발전이다. HMI는 넓은 의미로는 운전자나 탑승자가 차 안에서 조작하는 스위치 종류를 가리킨다. 그중에서도 1990년대 후반부터 BMW와 메르세데스−벤츠, 렉서스 등의 고급차에 채용되기 시작한 원형 등의 컨트롤러를 HMI라고 칭하는 경우가 많았다. 그러나 2000년대 후반부터 애플의 아이폰과 아이패드 등이 등장하자 차량 탑재 화면도 터치 패널화가 진행되었다. 그리고 2010년에 들어서자 자동차 기술자들 사이에서 HMI는 모니터 화면과 동의어가 되었다.

한편 HUD는 대시보드 위, 전면 유리 앞쪽에 문자나 영상을 띄우는 시스템으로, 과거 십수 년 사이에 몇 차례 양산화된 바 있다. 가령 미국의 GM은 2000년대 초반에 고급 브랜드인 캐딜락에 적외선 암시_{暗視}장치 '나이트비전'을 채용했다. 그러나 2000년대에는 차량 탑재 카 내비게이션이 고성능화됨에 따라 오디오를 포함한 화면이 운전석과 조수석 사이의 대시보드에 집약되어 갔다. 그리고 그것을 조작하는 스위치의 일부는 스티어링 휠(핸들)에 장착되기 시작했다. 이렇게 운전자가 실제로 보고 만질 수 있는 장소에 HMI가 장비됨에 따라

HUD의 필요성은 낮아져 갔다.

그런데 2010년대에 들어서자 HUD에 대한 관심이 갑자기 높아졌다. 일본의 카 내비게이션 제조회사와 독일의 부품 제조회사 등이 HUD의 프로토타입을 잇달아 내놓았다. 이렇게 HUD 시장이 확대되고 있는 커다란 이유는 음성인식 기술의 발달이다. 차량 탑재 기기에 미리 설치해놓는 방식의 경우는 미국 뉘앙스 사의 음성인식 기술, 클라우드 방식의 경우는 구글 보이스 등의 성능이 꾸준히 향상돼왔다. 이렇게 되면 운전자는 대시보드 주변의 화면이나 스위치를 조작하려고 시선을 옮기는 빈도가 줄어들어 전방에 집중할 수 있게 되므로 HUD로 보여주는 정보가 많은 도움이 된다. 게다가 2014년부터는 애플의 'iOS in the Car' 서비스가 시작되어 음성인식 기능인 '시리'와 차량 탑재 기기의 연계가 강화되므로 HUD의 중요성은 더욱 높아지고 있다.

또 대시보드 안의 속도계 같은 표시 부분에도 커다란 기술 혁신이 진행되고 있다. 메르세데스-벤츠의 최상급 세단인 'S클래스'에는 하만 사에서 만든 화면이 채용되었는데, 컴퓨터 화면처럼 다양한 디자인을 운전자가 선택할 수 있다. 운전자가 HUD를 포함해 운전 중의 표시 내용을 자신의 취향에 맞게 설정하는 것이 당연해졌다.

그리고 다음 단계의 HUD로 생각할 수 있는 것은 차내 공간 전체를 디스플레이로 이용하는 방식이다. 지금부터의 내용은 필자 개인이 생각하는 근미래 기술인데, 예를 들어 뒷좌석에 앉은 사람을 위

애플과 구글이 자동차 산업을 지배하는 날

해 앞좌석의 헤드레스트에 설치되어 있는 동영상 시청용 디스플레이가 차내 공간 전체에 영상을 가득 채워서 보여줄 것이다. 이것은 차량 탑재 기기에서 정보를 받는 것이 아니라 스마트폰 등의 개인정보 단말기의 데이터를 사용한다. 구글 글래스와 같은 장치로 보는 것과 같은 가상현실을 차내 공간에서 볼 수 있게 될 것이다.

또 다음 단계로는 차에 탄 사람끼리 차내 공간을 사용해 정보나 영상을 교환할 수 있게 될 것이다. 각자가 음성인식 기능을 이용해 조작할 수도 있지만, 그렇게 되면 차내가 시끄러워진다. 그러므로 머지않은 미래에 비접촉 HMI를 이용해 허공에서 조작하거나 시선 이동으로 화면을 선택하게 될 날이 찾아올 것으로 생각한다.

이와 같은 차세대 HMI와 차세대 HUD의 등장은 자동차의 실내 공간에 대변혁을 일으킬 도화선이 될 것이다. 또한 이 대변혁의 시작은 중국의 자동차 제조회사가 될지도 모른다. 중국에서는 독일 제품에 대한 신뢰도가 높으며, 이를 감지한 독일의 부품 제조회사가 중국에 대해 적극 판촉 활동을 펼치고 있기 때문이다. 또 중국의 자동차 제조회사는 자사에 디자인 스튜디오를 보유하고 있지 않아서 이탈리아의 디자인 회사, 통칭 카로체리아Carrozzeria에 업무를 위탁하는 경우가 많다. 피닌파리나Pininfarina S.p.A., 베르토네Stile Bertone S.p.A. 등의 전통 깊은 카로체리아는 자사의 디자인 부문을 강화해온 일본이나 유럽의 자동차 제조회사로부터 주문이 급감하자 중국을 상대로 영업 활동을 펼치고 있다. 그곳에서는 당연히 차세대 텔레매틱스를 의식한 대담한 차내 디자인을 제안한다.

　일본의 자동차 제조회사도 차내 디자인 혁명을 강하게 의식하며 차내 공간에 신선한 발상을 도입했으면 한다.

도요타의 차세대형 고객관리 시스템

　도요타는 2004년에 태국을 시작으로 'e-CRB'라는 사업을 시작했다. 이것은 차세대형 고객관리 시스템으로, 일반적으로는 CRM_Customer Relationship Management(고객관계관리)이라고 부르는 분야다. 필자는 'e-CRB'의 도입 직후인 2005년에 중국 광저우 시내에 있는 광저우 도요타 직할 매장에서 그 상세한 내용을 취재했다. 이 매장에는 대형 모니터가 있으며, 그곳에는 수주를 마친 신차의 반입 일정과 수리 입고 차량의 작업 일정 등의 일람이 표시되어 있었다. 또 상담商談 공간에서는 고객과 영업 담당자가 같은 컴퓨터 화면을 보면서 상품 설명부터 판매 계약서의 작성까지 교섭을 진행했다. 그리고 판매 후에는 고객의 정보를 철저히 관리하면서 영업 담당자가 일상적으로 고객에게 전화를 거는 등의 지원을 잊지 않았다.

　당시 중국에서 이와 같은 시스템은 획기적이었으며, 현재는 스마트폰을 통해 더욱 세심한 고객 서비스 체제를 실현하고 있다. 취재

당시 광저우 도요타 간부는 이렇게 말했다.

"저희의 이상은 자동차의 일생을 완전히 파악하는 것입니다. 그러니까 부품 발주부터 시작해 제조공장에서의 최종 조립, 운송, 판매, 수리, 차량 검사, 중고차로서의 거래, 그리고 폐차까지 자동차와 고객의 정보를 전부 파악하는 것이지요."

차세대 텔레매틱스가 도입되면 이런 이상이 실현된다. 자동차의 일생에서 자동차 제조회사가 가장 알고 싶음에도 지금까지 전혀 알 수 없었던 정보는 고객이 소유하고 관리하는 기간의 정보다. 그러나 앞으로는 위성 위치측정을 이용한 자차 위치 정보와 CAN 정보를 통해 주행 상태와 운전자의 주행 특성을 클라우드상에서 해석하고 파악할 수 있게 된다. 여기에는 개인정보 보호라는 장해물이 있지만, 자동차 제조회사 측이 고객의 정보를 일방적으로 수집하는 것이 아니라 고객에게 확실한 이익을 제공함으로써 프로브 교통 정보의 이·활용은 더욱 진화해갈 것이다.

그 진화 속에서 주목받고 있는 분야가 있다. 바로 자동차보험이다. 최근 들어 자동차보험 업계는 콜센터나 인터넷을 창구로 한 무점포 판매를 통해 보험료를 낮추고 있는데, 보험료 인하와 서비스 향상을 더욱 진행하려면 고객의 주행 이력이 중요하다. 여기에서 주행 이력이란 주행 경로와 주행 상태를 가리킨다. 현재는 자동차보험에 가입힐 때 보험회사의 질문에 대한 피보험자의 답변 신뢰성이 분명하지 않기 때문에 연령과 주거지, 자동차의 종류 등이 보험료의 차이를 만드는 커다란 요소가 되고 있다. 미국은 도심지에서 고성능 스포츠카를 타는 23세 남성과 교외에서 중형 픽업트럭을 타는 55세의 여성은 교통위반 이력 등이 같아도 보험료에서 몇 배의 차이가 난다.

그러나 차세대 텔레매틱스를 통해 주행 상태를 완전히 파악할 수 있게 되면 보험료가 적정화될 것이다.

애플리케이션을 사용한 새로운 자동차 비즈니스가 탄생한다

미국의 거리에서 '핑크색 수염'을 단 자동차가 늘어나기 시작했다. 이것은 스마트폰 애플리케이션을 사용한 새로운 자동차 동승 서비스를 제공하는 '리프트_LYFT'에 등록한 차라는 표시다. 이 리프트는 쉽게 말하면 승용차로 콜택시 영업을 하는 것이다. 회사나 집, 학교 등에서 스마트폰 애플리케이션으로 배차 예약을 하면 등록자 중에서 대응 가능한 차가 승객을 태우러 온다. 이 차들은 리프트에 등록된 차라는 표시로 크리스마스트리의 장식 같은 것을 전면 그릴에 달고 있다. 이 차량은 영업 허가를 받은 상업용 차가 아니라 개인 소유의 차다. 그래서 이용자는 리프트에 요금이 아니라 '기부'의 형식으로 돈을 낸다(2013년 12월부터 샌프란시스코와 로스앤젤레스 등 캘리포니아 주의 도시와 일리노이 주 시카고에서는 통상 요금제로 전환되었다).

애플과 구글이 자동차 산업을 지배하는 날

등록자 표시가 핑크색 수염인 리프트. 그 밖에도 애플리케이션으로 콜택시를 부를 수 있는 우버 등 미국에는 라이트 셰어 서비스가 확대되고 있다.

리프트는 법의 틈새를 파고든 참으로 기묘한 비즈니스 모델이다. 여기에서 아무래도 마음에 걸리는 것은 운전자와 차량의 질이다. 운전자로 등록하려면 23세 이상이고 미국의 운전면허를 취득한 지 1년 이상 지났으며 각 주가 규정한 조건을 충족시키는 자동차보험에 가입되어 있어야 한다. 또 과거 3년간 교통위반 횟수가 2회 이하여야 하며 절도나 성범죄, 폭행 등의 범죄 경력이 없어야 한다. 차량의 경우는 2014년 1월 현재 2000년 이후 제조되었고 리프트가 지정한 안전 기준을 충족시켜야 한다. 또 리프트는 한 건당 100만 달러를 보상하는 대인 보험에 가입했다.

리프트는 2012년 여름에 설립되었는데, 1년여 만에 등록 운전자수와 이용사 수 모두 급증했다. 샌프란시스코에서 시작된 서비스는 10여 곳 이상으로 확대되었다. 이 회사는 2007년에 설립된 '짐라이드_{Zimride}'에서 파생되었다. 짐라이드는 페이스북 애플리케이션을 이용해 카 셰어링을 하는 비즈니스 모델이다. 대학이나 기업을 단위로 그 커뮤니티 안에서 놀고 있는 자동차를 공유한다. 이용자는 요금도 내지 않고 기부도 하지 않는다. 대학과 기업은 짐라이드와 1개월 단위로 계약을 맺고 학생 또는 사원을 위한 서비스로 제공한다.

이와 같은 새로운 비즈니스가 탄생한 배경에는 미국 특유의 사회 사정이 있다.

첫째는 미국이 자동차 사회라는 점이다. 뉴욕과 시카고 등 일부 대도시에는 지하철 같은 대중교통이 있지만 편리성과 치안 그리고 이미지가 좋지 않기 때문에 일본이나 유럽처럼 활발히 이용되지 않는다. 그래서 지상의 이동수단은 주로 자가용 아니면 렌터카인데, 대도시권의 무료 간선도로는 아침저녁으로 만성적인 교통정체 상태다.

그래서 이에 대한 해결책으로 1980년대 후반부터 다인승 차량 전용 고속도로 동승 차선 '카풀 레인_{Carpool Lane}'의 설치가 진행되었다. 통칭은 'HOV_{High Occupancy Vehicle} 레인'이라고 한다. 이용료는 무료이며, 지역에 따라 2인 이상 또는 3인 이상이 탄 승용차만이 달릴 수 있다. 이것은 자기 신고이기 때문에 HOV 레인 옆에서 순찰차가 이용 위반 차량을 단속하며, 적발되면 캘리포니아 주의 경우 벌금으로 341달러를 내야 한다.

다만 캘리포니아 주에서는 CAV_{Clean Air Vehicle} 인증을 받은 저공해차이고 캘리포니아 주가 발행한 전용 스티커를 붙였을 경우 혼자 타고 있더라도 HOV 레인을 이용할 수 있다. 대상 차량은 2014년 1월 현재 GM 쉐보레의 '스파크 EV_{Spark EV}'와 테슬라의 '모델S' 등 전기자동차, 도요타의 '프리우스 PHV'와 GM 쉐보레의 '볼트_{Volt}' 등 플러그인 하이브리드 자동차, 혼다의 'FCX 클라리티' 등 연료전지 자동차, 그리고 천연가스 자동차 등 1992년부터 제조 판매된 차량이다. 또 '프리우스'나 '인사이트_{Insight}' 같은 하이브리드 자동차는 보급 대수가 늘어났기 때문에 2011년 7월 1일 이후 HOV 레인에서 주행할 권리를 잃었다. 그러나 이처럼 HOV 레인의 정비가 진행되고 있음에도 아침저녁의 러시아워 때 고속도로를 달리는 자동차를 보면 대부분이 혼자서 탄 차다.

둘째는 커뮤니티라는 발상이다. 평생에 걸쳐 최소한 서너 번은 이사를 하는 미국인은 새로운 생활 속에서 지역 커뮤니티에 잘 녹아든다. 또 필요성과 편리성이 있다면 새로운 커뮤니티를 만들어버린다. 이런 사상이 애플이나 페이스북 등의 창업으로 이어졌다. 그런 가운데 스마트폰과 클라우드의 발달로 새로운 필드에서 사람과 사람이 연결되게 되었다. 일상생활에서의 자동차 이동을 통해 자연스럽게 인간관계가 탄생한 것이다.

셋째는 자기 책임에 대한 의식이다. 미국은 일본보다 범죄 발생률이 높다. 리프트의 사업이 확대되는 가운데 차내에서 범죄가 일어날 리스크도 당연히 높아지고 있다. 그러나 이봉사는 이 사실을 살 알고 있으며 기본적으로 자기 책임이라고 생각한다. 또 그 반동으로 자신이 위험에 노출되었을 경우는 법에 호소한다.

이상과 같은 사회 배경이 있는 미국에서는 앞으로 트랜스포테이션(넓은 의미에서의 이동)이라는 분야에서 스마트폰을 매개체로 한 새로운 발상의 비즈니스가 속속 등장할 듯하다. 일본도 대도시를 중심으로 카 셰어링이 서서히 보급되고 있으므로 일본 특유의 새로운 비즈니스가 탄생하기를 기대한다. 특히 교외 주택의 '쇼핑 난민'이나 지역에서 주유소가 사라져 자동차의 이용에 불편을 겪고 있는 '휘발유 난민' 등은 심각한 사회문제다. 곤란을 겪는 사람, 즉 실수요가 있다면 그 해결책이 될 사업이 반드시 탄생할 것이다.

자동차를 집 안으로 가지고 들어오는 시대가 찾아온다?

소형 자동차를 집 안으로 가지고 들어오는 시대가 조만간 찾아올 것이다. 중국의 자동차 제조회사인 상하이 자동차Shanghai Automotive Industry Corporation는 이를 암시하는 이미지 동영상을 공개했다. 2인승 이륜 직립형 전기자동차가 고층 아파트로 돌아온다. 그리고 건물 벽면에 있는 자동차 전용 엘리베이터를 타자 방까지 직행한다. 그야말로 '브로트인'이다.

이 동영상에 나오는 차량인 'EN-V'는 원래 2009년의 뉴욕 모터쇼

GM과 세그웨이가 공동 개발한 EN-V는 도시부에서의 이동을 고려한 2인승 이륜 전기자동차다.

에서 GM이 세그웨이와의 공동 개발 모델로 공개한 'PUMA_Personal Urban Mobility and Accessibility'의 발전형이다. 필자는 현지에서 이 차를 시승해봤는데, 바닥에 달려 있는 긴 스틱으로 방향을 바꾸는 조작에 약간 당황했던 기억이 있다. 상하이 자동차는 이것을 바탕으로 외장을 새로 디자인해 2010년의 상하이 국제박람회에서 시험 주행을 했다. 다만 이미지 동영상에 나오는 것과 같은 주거지와의 연계는 아직 실용화되지 않았다. 일본에서도 전기자동차나 초소형 모빌리티의 실내 '브로트 인'에 대해 자동차 제조회사와 건축가들이 가능성을 모색하기 시작했다. 그러나 도요타의 초소형 모빌리티 'i-Road'의 개발 담당자는 "가능성은 있지만, 차체나 타이어에 붙은 진흙 등도 실내로 들어오게 된다는 점이 문제입니다"라고 말했다.

지금까지 주택에서 자동차의 공산은 주차상뿐이있나. 지극이 딩연한 말이지만 자동차는 이동을 위한 기계이기 때문에 주차장에 서 있는 동안에는 오디오를 즐기는 정도밖에 이용 방법이 없었다. 그런데 전기자동차의 등장으로 이런 상황에 변화가 오기 시작했다. 2000년대 후반에 주요 자동차 제조회사들이 전기자동차를 양산함에 따라 V2H_{Vehicle to Home}라는 발상이 구체화되었다. 이것은 일반적으로 '스마트 그리드'라고 부르는 기술 영역이다. 주택에서 자동차에 대해서는 충전을, 자동차에서 주택에 대해서는 방전을 한다. 이 V2H는 에너지 교환뿐만 아니라 데이터 교환도 한다. 4G를 이용한 대용량 데이터 통신 또는 충전용 동축 케이블을 활용한 데이터 통신이 가능해진다. 주택 환경이 좋지 않은 일본에서는 이동 사무실로서 전기자동차의 이용 가치가 높아질지도 모른다. 그렇게 되면 차내 인테리어의 조형이 크게 바뀔 가능성이 있다.

2014년 1월 현재 스마트 그리드나 스마트 커뮤니티라는 비즈니스 모델은 2010년경에 비하면 열풍이 식은 느낌이 드는 것이 사실이다. 그러나 '커넥티드카'라고도 부르는 차세대 자동차에서 사람과 자동차 그리고 집을 연결하는 방식이 크게 바뀔 것 같은 조짐이 보인다.

자동운전 자동차들의 집단 주행

자동차 분야에서는 자동운전으로 집단 주행을 하는 것을 '플래투닝Platooning'이라고 말한다. 플래투닝이라고 하면 군대에서는 소대의 활동을 가리키며, 일반적으로는 여러 사람이 공통된 목적을 위해 동일한 행동을 하는 것을 의미한다. 예를 들어 고속도로에서 자동운전을 할 경우 위성 위치측정과 도로-차량 간 통신, 그리고 차량-차량 간 통신을 통해 자차 근처를 주행하는 여러 대의 자동운전 차량이 마치 열차가 연결된 것 같은 상태가 된다. 이렇게 되면 단독 주행을 할 때보다 차량 행렬 전체에 공기 저항이 감소해 연비 또는 전비電費가 향상된다. 자동차 경주에서 '슬립스트림' 또는 '드래프팅'이라고 부르는 주법이다.

이 플래투닝 주행은 가령 고속도로의 출입구에서 마치 전철이 연결되었다가 떨어졌다 하듯이 차량의 행렬에 참가하는 자동차가 교체된다. 또 고속도로뿐만 아니라 일반 도로에서도 목적지가 같은 사람들이 플래투닝 주행을 한다. 예를 들어 출퇴근 시간에 같은 회사의 사원들이 플래투닝 주행을 하며 차내 회의를 열었다. 여행할 때 목적지까지는 플래투닝 주행으로 이동하고 목적지에서는 자유행동을 한다. 관광투어 사업자가 앞에서 달리고 관광객들은 뒤에서 플래투닝 주행을 한다. 그밖에 모르는 사람끼리 때마침 같은 방향으로 이동해서, 취미가 같아서, 처음 찾아가는 마을에서 현지 사람에게 안내를 받고 싶어서 플래투닝 주행을 하는 등 새로운 만남·정보 교환의 형태로도 활용할 수 있다. 이런 생각에 바탕을 두면 지상 이동체는 필연적으로 소형이 된다. 승차 정원은 1명 또는 2명, 그리고 옵션으로 아이가 탈 경우를 고려한다. 이것은 현재 '2+2'라고 부르는 차종의 영역이다.

그리고 완전 자동운전이 가능해지면 운전면허 취득 가능 연령도 낮아져서 가령 중학생 이상은 단독으로 차량 이동을 할 수 있게 될지도 모른다. 이 경우 18세 이하는 집에서 학교 등 제한적인 경로에서만 이용할 수 있고, 장거리 이동을 할 때는 보호자가 플래투닝을 해서 이동한 다음 쇼핑몰이나 관광지 등의 한정된 지역에서는 자유 행동이 가능해지는 등의 방식을 생각할 수 있다.

이렇게 되면 자동차의 보디 스타일이나 종류가 큰 폭으로 바뀐다. 전후 2열 시트의 4~5인승, 3열 시트의 7인승 같은 세단이나 미니밴은 일반용이 아니라 상업용이나 긴급 의료용 등의 특수 차량으로 한정될지도 모른다.

차세대 텔레매틱스는 자동차라는 상품을 전혀 새로운 이동수단으로 크게 바꿔놓을 가능성을 숨기고 있는 것이다.

미래형 이동수단, 모빌리티 믹스

사람의 이동수단은 다양하다. 이동 속도가 느린 순서대로 도보, 자전거, 전동자전거, 오토바이, 배, 버스, 전철, 자동차, 헬리콥터, 비행기 등이 있다. 이런 이동수단을 출발지에서 목적지까지 효율적으로 조합해 사용하는 것을 '모빌리티 믹스Mobility Mix'라고 한다. 이미 스마트폰 애플리케이션으로 상세한 환승 안내가 제공되고 있지만, 앞으로는 철도 회사와 항공 회사, 카 셰어링 기업 등의 틀을 뛰어넘은 서비스 제공 시스템이 보급될 것이다.

특히 도시부에는 이용 가능한 교통수단이 풍부하므로 자동차 이용은 필요 최소한에 그치게 된다. 따라서 자동차를 소유하지 않고 렌터카 또는 카 셰어링을 이용하는 사람이 늘어나 자동차가 더욱 팔리지 않게 될 것이다. 일상의 발로 자가용이 필요한 지방도시에서도 온디맨드(주문형) 방식의 커뮤니티 버스나 일회용 초소형 모빌리티 등이 보급될 가능성이 있다.

이와 같은 모빌리티 믹스 시스템의 고도화는 스마트폰의 고성능화와 연동된다. 모빌리티 믹스를 통한 이동은 인간 자신의 이동과 동의어이며, 이동 이력과 계획은 스마트폰을 통해 관리되기 때문이다.

이런 가운데 스마트폰은 개인을 특정하는 신분증으로서 역할이 더욱 커질 것이다. 스마트폰의 소유자가 '언제' '어디서' '어떻게' 행동했는지가 스마트폰을 통해 집적되어 '왜' 그런 행동을 했는지, 같은 시각에 같은 장소에 있었던 '누구'와 행동했는지가 해석된다. 이런 데이터는 당연히 개인정보이므로 그 활용 방법은 앞으로의 과제다. 그러나 향후 통신 규격이 LTE에서 본격적인 4G 시대로 넘어가고 스마트폰에 탑재된 CPU의 처리 속도가 빨라지며 위성 위치측정의 종류가 다양해지고 위치 정보의 정밀도가 높아짐에 따라 스마트폰의 신분증화는 가속될 것이다.

또 과금 방식의 경우 일본에서는 '휴대전화 지갑'이 안드로이드만을 지원하고 있다. 그 대표적인 이용 사례가 교통 IC카드다. JR 동일본의 2013년 3월기 결산에 따르면 스이카Suica의 총 발행 수는 4247만 장이며, 이 가운데 휴대전화에 스이카 기능이 있는 모바일 스이카의 등록자 수는 311만 명이다. 또 텔레비전 광고 등을 통해 적극적인 판촉 활동을 펼치고 있는 스이카의 이용 가능 점포는 2008년 약 6만 점포에서 2013년에는 3배 이상인 약 20만 6000점포로 확대되었다. 앞으로 스마트폰이 본격 보급되면 모바일 스이카로 이행하는 스이카 이용자가 증가할 것이다.

또 일본에서는 2016년 1월 1일부터 이른바 국민총등번호國民綜合番號 (일본판 주민등록번호 제도)인 '마이 넘버'가 도입된다. 그렇게 되면 당연히 스마트폰과 '마이 넘버'가 직결되어 의료와 세무, 구매 행동, 모바일 믹스를 통한 승차 상황 데이터가 스마트폰에서 일원적으로 관리되게 된다.

그런 가운데 이동체를 이용하는 쪽으로서도, 이동체를 관리하는 정부나 지방자치단체, 기업으로서도 모빌리티 믹스를 흔쾌히 받아들일 것이다. 모빌리티 믹스는 이동 시간, 이동 요금, 이동체의 소비 에너지, 자연환경에 대해 효율적인 이동수단이기 때문이다.

대중교통이 전국 구석구석까지 정비되어 있고 치안이 좋은 일본

애플과 구글이 자동차 산업을 지배하는 날

에서는 구미나 신흥국보다 모빌리티 믹스의 발달이 빠르게 진행되고 스마트폰과의 다양한 연계가 촉진될 것이다.

하늘을 나는 자동차가 속속 등장한다

브라질의 상파울로에서는 회사용 소형 헬리콥터의 수요가 확대되고 있다. 소형 헬리콥터가 보급되고 있는 이유는 종일 해소되지 않는 극심한 교통정체 때문이다. 자금에 여유가 있는 기업의 중역은 전용 헬리콥터를 타고 시내의 빌딩에서 빌딩으로 이동한다. 또는 교외의 자택에서 회사로 공중 출퇴근을 하고 있다.

이런 도시 내 또는 도시 주변의 비행에 활주로가 필요한 비행기는 적합하지 않다. 가장 적합한 것은 VTOL Vertical Takeoff and Landing(수직 이착륙)형 이동체다. 모빌리티 믹스가 활성화되는 가운데 시가지와 지방의 하늘을 이동하는 VTOL은 자동차에 가까운 이동체로 간주될 것으로 생각한다. 지상을 이동할 때는 자동차로 주행하는 VTOL도 있다.

VTOL 가운데 이미 보급되어 있는 것은 헬리콥터이지만, 그 밖에도 새로운 VTOL이 속속 등장하고 있다. 2000년대에 들어와 컴퓨터의 처리 능력이 높아짐에 따라 비교적 저렴한 시판 소프트웨어로도 복잡한 설계도의 제작과 운동 특성이나 충돌에 관한 시뮬레이션이 쉬워진 것이 VTOL 실용화의 커다란 계기가 되었다. 또 2000년 대 후반부터 스마트폰과 클라우드가 급속히 발달하면서 스마트폰을 이용해 저렴한 가격에 비행 운항과 위치 정보 관리를 할 수 있게 되었다. 게다가 앞으로 위성 위치측정의 종류가 다양해짐에 따라 높이 측정의 정밀도가 더욱 높아질 것이다. 구체적인 수치를 제시하면 2014년 1월 현재 자동차나 스마트폰에 탑재된 GPS 수신기의 정밀도는 가로세로 5미터 정도다. 이것을 지도 정보와 매핑해서 보정하고 있다. 그러나 높이는 가로세로보다 2~3배나 낮다. 즉 10~15미터나 되기 때문에 비행기나 VTOL에서는 이용할 수 없다. 그래서 높이에 대해서는 고도계를 이용하고 있다. 앞으로는 준천정위성 등에서 보정 신호가 발신되어 위성 위치측정 수신기의 정밀도가 좌우 10센티미터 전후, 높이 20센티미터 전후까지 높아질 전망이다.

이와 같은 각종 기술 혁신을 통해 소형 VTOL의 실용화가 진행되고 있는데, 이 책에서는 현재 주목받고 있는 세 회사의 제품을 소개하겠다.

테라푸기아

미국의 MIT(매사추세츠 공과대학) 대학원 졸업생들이 설립한 테라푸기아Terrafugia(본사: 매사추세츠 주 보반 시)의 제1호 제품은 2012년 4월에 뉴욕 모터쇼에서 선보인 '트랜지션Transition'이다. 일본에서도 '하늘을 나는 자동차'로 각종 텔레비전 방송에 등장했다. 크기는 '길이 6미

미국의 벤처기업 테라푸기아가 개발한 하늘을 나는 자동차. 2010년에 미 연방 항공청으로부터 양산기로서 비행을 허가받았다.

터×폭 8미터×높이 2미터'이고 기체 뒷부분에 프로펠러가 있는 소형 비행기다. 주날개는 동력 모터로 접고 펼 수 있으며, 접어서 폭을 2.3미터로 줄인 상태로 일반 도로를 자동차처럼 주행해 자택의 차고에 수납할 수 있다.

엔진은 캐나다의 소형 비행기 제조회사 봄바디어Bombardier Inc.의 산하 회사인 독일의 BRP 파워트레인BRP-Powertrain GmbH & Co KG에서 만든 것으로, 배기량은 1352cc다. 연료는 고옥탄 휘발유이며, 탱크 용량은 87리터다. 최고 속도는 시속 185킬로미터이며, 연료를 가득 채운 상태에서 787킬로미터를 비행할 수 있다. 가격은 27만 9000달러다. 발표 직후

부터 100건이 넘는 예약이 들어왔으며, 2014년에 첫 번째 제품을 인
도할 예정이라고 한다.

그리고 이 회사의 제2호 제품은 VTOL인 'FT-X'다. 'V-22(통칭 오
스프레이)'를 소형화한 듯한 모습으로, 오스프레이와 마찬가지로 주
날개 끝에 있는 대형 프로펠러로 이착륙하며 비행 중에는 프로펠러
의 각도를 바꿔서 앞으로 나아가는 추진력을 얻는 구조다. 2021~
2015년에 시판한다는 목표로 개발을 진행 중이라고 한다.

마틴 제트팩

1984년 7월에 열린 로스앤젤레스 올림픽 개막식. 우주 비행사를
연상시키는 모습으로 등장한 로켓맨이 수직 이륙해 개막식장을 종횡
무진 날아다녔다. 그 뒤로 등에 메는 형태의 VTOL에 대한 연구를 세
계 각국에서 진행해왔지만 명확한 양산화 계획을 발표한 기업은 거
의 없다. 그런 가운데 마틴 제트팩Martin Jetpack(본사: 뉴질랜드 크라이스트처
치 시)은 소형 프로펠러 2기를 등에 메는 '제트팩'을 개발했다. 동력원
은 배기량 2000cc의 V형 4기통 2스트로크 엔진으로, 중량 60킬로미
터에 최고 출력은 200마력이다. 또 벌집 구조의 탄소섬유 강화 플라
스틱을 사용해 기체의 무게를 줄였다. 연료를 가득 채운 상태에서의
비행 거리나 비행 가능한 높이 등은 공개하지 않았지만, 2014년 중반
에는 양산을 개시한다고 한다. 가격은 8만 5000~20만 달러다. 로스
앤젤레스 시市 경찰이 도입을 검토하고 있다는 보도도 있다.

애플과 구글이 자동차 산업을 지배하는 날

몰러 인터내셔널

말 그대로 UFO, 비행접시다. 몰러 인터내셔널Moller International(본사: 캘리포니아 주 데이비스 시)은 1989년에 로터리 엔진으로 프로펠러를 구동시키는 VTOL '뉴에라NEUERA'의 시험 비행을 공개했다. 몰러 인터내셔널은 미국의 아웃보드 마린Outboard Marine Corporation으로부터 로터리 엔진의 특허를 취득해 배기량 530cc의 공랭식 로터리 엔진을 제조하고 있다.

그 후 소형 제트기 같은 스타일의 VTOL의 프로토타입을 몇 종류 제작했지만, 최종적으로는 구매자가 나타나지 않아 사업을 축소했다. 그런데 2012년에 중국계 투자 펀드로부터 중국에서 군용으로 활용할 것을 전제로 투자하고 싶다는 요청이 들어왔다. 중국 측이 관심을 보이는 상품은 2인승인 '스카이카 200LSSkycar 200LS'다. 폴 몰러Paul Moller 사장에 따르면 이 기체의 가격은 미국에서 35만 달러다. 그리고 '뉴에라'의 경우도 중국에 판매될 가능성이 있으며, 양산 효과가 높아지면 가격은 10만 달러 정도가 될 것이라고 한다.

5장

일본의 자동차 산업은
살아남을 수 있을 것인가

T E L E M A T I C S

산업 전환 로드맵의 책정이 급선무

일본의 관련 관청은 당연히 지금 일어나는 세계 자동차 산업의 대변혁을 충분히 인식하고 있다. 그러나 차세대 텔레매틱스에 대한 인식은 안이하다고밖에 할 말이 없다. 가령 경제산업성에서 가장 최근에 개최한 자동차 업계 관련 검토회로는 2011년 6월 11일에 중간 정리를 위해 연 '일본 경제의 새로운 성장 실현을 생각하는 자동차 전략 연구회'가 있다. 그러나 내용을 보면 앞에서 소개한 '차세대 자동차 전략 2010'의 재탕일 뿐 새로운 것은 전혀 없었다. 요컨대 동력장치의 전동화를 자동차 산업의 차세대화를 위한 가장 중요한 과제로 규정하고 그 주위에 자동차 산업의 국내 공동화空洞化 대책과 고령자 대책, 그리고 동일본 대지진 직후에 자동차 산업계가 직면한 취약한 공급망 구조의 재구축을 늘어놓은 것에 불과하다.

그 후 전기자동차 열풍이 끝나고 엔화 약세로 자동차 제조회사의 표면적인 이익이 회복되자 정부는 자동차 산업의 미래에 대해 많은 이야기를 하지 않게 되었다. 현 자민당 정권의 성장 전략을 보면 자동운전을 강조하고 있지만 가장 중요한 과제여야 할 차세대 텔레매틱스에 대해서는 언급이 없다.

그러나 경제산업성도 차세대 텔레매틱스가 자동차 산업에 끼칠 거대한 영향력을 당연히 인식하고 있기 때문에 정보를 수집하고 물밑에서 자동차·IT 업계 관계자들과 의견 교환을 하고는 있다. 필자는 각 방면을 취재하면서 그 사실을 알게 되었다. 이런 논의는 조기에 공론화되어야 하며, 중간 정리 단계에서 분석 결과를 공표하고 그것을 일본의 산업계 전체가 인식해야 한다. 게다가 기존의 자동차 산업의 속도감으로 이 논의를 진행했다가는 세계의 흐름으로부터 뒤처지고 만다. 정부와 자동차 제조회사들의 현재 움직임을 살펴보면 여전히 구태의연한 중후장대 산업의 속도감으로 논의를 진행하고 있는 듯이 보인다. 또 그렇다고 해서 고도 경제성장기의 구舊 통상산업성처럼 밖에서 볼 때는 움직임이 둔한 것 같지만, 수면 아래서는 조정을 진행하고 정부가 자동차 업계 전체를 힘차게 선도하는 '후송 선단 방식' 같은 저력도 느껴지지 않는다.

경제산업성은 자동차 업계 전체를 조정하면서 장래의 구상도를

애플과 구글이 자동차 산업을 지배하는 날

그리기는 하지만 그 실행은 자동차 제조회사에 전적으로 맡긴다는 방침이다. 자동차의 산업 진흥을 추진하는 경제산업성이나 자동차와 교통 인프라에 대한 법을 정비하는 국토교통성이나 자동차 제조회사에 비하면 자동차 관련 기술·마케팅 등의 최신 데이터를 수집하는 능력이 떨어지기 때문이다.

고도 경제성장기의 일본에서는 자동차를 포함한 최신 기술의 데이터를 정부가 집중적으로 관리했다. 그 데이터를 정부의 연구시설이 분석하고 양산화 단계에서 민간 기업에 정보를 공개했다. 그런데 지금의 일본에는 이 흐름이 사라졌다. 자동차 제조회사가 정부 기관보다 훨씬 거대한 자기자본으로 자사 내의 연구기관과 해외 진출을 추진하고 있으며, 결과적으로 민과 관의 처지가 역전되어 버렸다. 이런 상황에서 실시되는 민관, 여기에 어용학자가 추가된 협의회나 검토회로는 시대의 변화를 따라가는 유연하고 실효성 높은 시책을 입안하기 어렵다. 특히 그 대상이 자동차 산업계에 새로운 분야인 차세대 텔레매틱스라면 난이도는 더욱 높아진다.

지금까지 살펴봤듯이 일본은 차세대 텔레매틱스를 포함한 자동차 산업계의 대변혁에 대한 대응이 늦어지고 있다. 필자의 생각에 이 상황을 타개하기 위해 먼저 해야 할 일은 '자동차 산업 전환 로드맵'을 책정하는 것이다. 지금까지 정부가 공표해온 성장 전략에는 커다란 결점이 있다. 일본 경제의 중핵인 자농자 산업의 '기존 산업구조의 쇠퇴'와 '신규 참가자 및 타 산업과의 연계'를 조합한 로드맵을 제시하지 않고 있다는 점이다. 전자는 국내 자동차 산업의 축소·쇠퇴·철수의 시나리오를 예측하는 것이고, 후자는 자동차 산업을 대신해 일본을 지탱해나갈 신규 산업의 성장 시나리오를 예측하는 것이어야 한다.

그러면 이 두 가지를 자세히 살펴보자.

기존 자동차 비즈니스의 쇠퇴

일본에 자동차 산업이 얼마나 중요한 존재인지는 공표된 수치를 보면 쉽게 알 수 있다. 자동차 산업의 연간 출고액은 제조업 전체의 연간 출고액 265조 엔의 약 20퍼센트에 해당하는 40조 엔이며, 취업인구도 전체 취업인구 6282만 명의 약 10퍼센트이자 제조업 전체의 약 절반인 532만 명이다. 그 내역을 살펴보면 제조에 직접 관여하는 사람이 78.7만 명에 도로 여객운송업 등이 281.0만 명, 주유소 등의 관련 부문이 40.9만 명, 전기기계기구 제조업·철강업이 22.9만 명, 자동차 소매·정비업 등이 108.5만 명이다(2009년 경제산업성 공업 통계 조사).

이 가운데 제조업에 대해 '일본 경제의 새로운 성장 실현을 생각하는 자동차 전략연구회'에서는 '국내 생산 체제의 유지·강화'를 지향

애플과 구글이 자동차 산업을 지배하는 날

하며 다음과 같은 대응책을 내놓았다. 차체 과세의 부담 경감 등을 통한 '일본 시장의 활성화'와 생산 혁명을 통한 비용 경쟁력 강화, 엔화 강세·법인세·노동환경·환경문제와 TPP를 포함하는 경제 협력에서의 '경쟁 조건 동일화'라는 세 항목이다. 그러나 이 세 항목을 실현하기 위한 로드맵은 제시하지 않았다. 정부가 말하는 자동차 산업의 성장 로드맵은 차세대 자동차의 기술 개발에 대한 것일 뿐 자동차 산업 전체를 전망하는 로드맵은 아닌 것이다.

그러나 그 변화는 일본의 자동차 제조회사와 경제산업성이 상상하고 있는 것보다 훨씬 빠른 속도로 진행되고 있다. 앞에서도 이야기했듯이 제조 분야에서는 해외 이전이 가속되면서 일본 국내의 자동차 제조 거점이 축소되고 있다. 일본 국내의 직접 제조와 관련된 직업이 사라져 각지에서 자동차 제조업을 대신할 고용처가 필요해지고 있다.

자동차 판매의 경우도 커다란 변화가 찾아오고 있다. 지금까지 터부시돼왔던 자동차의 인터넷 판매다. 독일에서는 메르세데스-벤츠가 소형차 'A클래스'의 사업 전략으로 인터넷 판매를 도입했고, BMW는 전기자동차인 '프로젝트i'에 대해 자사가 이동형 세일즈라고 부르는 '모바일 세일즈 어드바이저' 제도를 시행하는 등의 움직임이 있다. 이와 같은 흐름이 더욱 강해지면 신차 한 대당 매출총이익(매출액에서 매출 원가를 뺀 값―옮긴이)이 매우 낮은 일본의 사농차 판내점에서도 인건비 등의 고정비를 억제할 수 있는 인터넷 판매가 본격화될 가능성이 있다. 또는 가전제품을 구입하는 패턴으로 최근 들어 자주 볼 수 있는 '양판점에서 물건을 살펴보고 인터넷에서 구입하는' 흐름이 자동차 판매에서도 나타날지 모른다. 어쩌면 인터넷 판매의 최강자인 아마존이 클라우드 서비스를 이용해 '아마존 카' 서비스를 시작할 날도 그리 멀지는 않을지 모른다. 그렇게 되면 자동차 판매에서 필요한 직무는 개별 주택이나 기업에 신차를 인도하고 수리할 때 인수하는 작업 정도가 되므로 현재의 신차 판매점이라는 비즈니스 모델은 통용되지 않게 된다.

또 중고차 업계에도 커다란 변화가 일어나고 있다. 가령 일본의 중고차 매매 회사인 걸리버 인터내셔널_{Gulliver International Co., Ltd}은 자동차 물류 혁명을 내걸고 기존에 없던 중고차 판매 사업을 실시하고 있는데, 그중에서도 주목받고 있는 것이 대형 점포에서 고객에게 태블릿을 대여해 놀이동산 같은 분위기에서 자동차 선택을 즐기는 'WOW! TOWN'이다. 고객에게서 보상 판매를 하면서 인수한 자동차를 중고차 경매에 내놓기 전까지 보관해놓는 장소를 그대로 매장으로 활용하는 수법이다. 그 밖에 걸리버 인터내셔널에서는 중고차 아웃렛이나 고급 수입 중고차 점포의 체인화, 나아가 BMW 등의 신차 판매에도 손을 대고 있다. 하토리 유스케_{羽鳥由宇介} 대표이사는 "중고차를 포함한 자동차 판매 사업은 고도 경제성장기 이후 일본에 남은 마지막 미개척 유통망입니다. 우리 회사는 유니클로나 니토리가 한 것과 같은 유통 혁명을 자동차 판매업에서 일으키려 합니다"라며 의욕을 불

애플과 구글이 자동차 산업을 지배하는 날

태우고 있다.

수리 업계도 과도기를 맞이하고 있으며, 차세대 비즈니스로의 전환이 일어날 듯하다. 일본 전국 각지의 자동차 수리공장은 현재 점점 상황이 악화하고 있으며, 후계자가 없는 곳이 늘어나고 있다. 어느 지역의 부품 도매업 경영자는 "가족 경영인 자동차 수리업에서는 한 달에 세 대만 자동차 검사를 해도 그럭저럭 먹고살 수 있습니다. 이미 설비투자가 끝난 사업자가 많으므로 한 달의 매출총이익이 15만 엔 정도만 되면 만족하지요. 신규 고객을 획득하려는 의식은 희박하고, 그런 상황을 본 아이들은 뒤를 이으려 하지 않습니다"라고 털어놓았다.

필자도 일본 전국 각지의 자동차 수리 관계자와 직접 의견을 교환하고 있는데, "앞으로 어떻게 될지 앞날이 전혀 보이지 않습니다. 어떻게 해야 할지 모르겠네요"라는 이야기를 자주 듣는다. 그런 가운데 앞에서 말한 것과 같이 신차의 인터넷 판매가 진행되면 자동차 수리업도 도태가 진행되고 인터넷이나 스마트폰을 활용한 새로운 비즈니스 모델이 구축될 가능성이 높다.

주유소는 앞으로 매출이 성장하지 않을 확률이 높다. 자동차의 동력장치가 전동화됨에 따라 휘발유 이용량이 감소할 것이기 때문이다. 그리고 플러그인 하이브리드 자동차나 전기자동차 등의 전동차에 대응해 주유소에서 '전기충전소'로 전환이 고려될 것이다. 그러나 전동차의 충전에 대한 자동차 제조회사의 기본적인 생각은 집이나 회사에서 야간에 충전하는 것이며, 이동 중의 급속 충전은 어디까지나 보조적인 수단이다. 또한 2020년경까지는 리튬이온 2차전지의 충방전 성능이 극적으로 향상될 것으로 보이지 않으므로 급속충전을 하더라도 30분 전후의 시간이 필요한 상황은 거의 달라지지 않을 것이다. 그렇다면 현재와 같이 짧은 시간에 급유를 마치고 떠나는 것을 전제로 하는 주유소의 연장선상에서 생각해서는 사업이 성립하지 않는다. 충전소는 주유소 같은 단독 사업이 아니라 슈퍼마켓이나 편의점, 유료 주차장 등에 부가가치를 가져다주는 사업이 될 것이다.

이 분야에서도 완전히 새로운 비즈니스 모델이 등장할 가능성이 높다.

그리고 운송업에서는 차세대 텔레매틱스를 이용한 업무 내용이 최적화를 통해 트럭과 철도, 항공기, 선박을 조합하는 유통 모빌리티 믹스 시스템이 고도화되어 결과적으로 운송 사업자의 수가 감소할 것이다. 또 기업의 비용관리라는 측면에서뿐만 아니라 시민들의 환경의식 상승으로 식료품의 현지 생산, 현지 소비가 진행되어 장거리 운송의 수요가 감소할 것이다.

이처럼 일본 국내의 자동차 산업계에는 다양한 변화가 기다리고 있다. 그러므로 정부는 자동차 산업의 향후 취업인구 감소 동향을 2~3년의 단기, 5~7년의 중기, 10년 이상의 장기라는 관점에서 예측해야 한다. 그리고 이를 통해 '기존의 자동차 산업이 이만큼 쇠약해지고 있으니 이를 대신할 산업을 만들어내야 한다'는 위기감을 국민과 공유해야 한다.

과제가 산적한 대체 산업 육성

일본 국내 자동차 산업에 대한 최악의 시나리오는 자동차 산업의 공동화가 진행되어 지방 각 도시의 경제가 치명적인 타격을 입는 것이다. 구체적으로는 히로시마에서 마쓰다가, 가나가와에서 닛산이, 사이타마에서 혼다가, 하마마쓰에서 스즈키가, 히가시미카와에서 도요타가 사라지는 것이다.

이 경우의 대체 산업으로 의료와 개호 분야가 주목받고 있다. 자동차 제조회사에서는 개호용 로봇을, 자동차 부품 회사에서는 장인의 섬세한 가공 기술을 활용한 의료 부품을 개발하고 있다. 그러나 이런 사업은 아직 규모가 크지 않다.

그 외에는 태양광발전, 풍력발전, 가정용 연료전지, 그리고 전기자동차나 플러그인 하이브리드 자동차를 전력망에 계통 연계시키는 차세대 에너지 네트워크 관련 사업이 진행되고 있다. 스마트 그리드나 스마트 커뮤니티라고 부르는 분야다. 2000년대 후반부터 주목을 받기 시작했으며, 재생 가능 에너지의 고정가격 매수제도가 실시됨에 따라 태양광발전을 채용하는 일반 가정과 기업이 늘어났다. 또 동일본 대지진 직후에 전기자동차에서 주택으로 전력을 공급하는 충·방전기기가 긴급 발매되는 등의 움직임도 있었다.

그러나 2014년 1월 현재 스마트 그리드를 본격적으로 도입한 지역은 한정적이다. 이런 상황 속에서 도요타는 자사의 사무소가 있는 전국 각지에서 실증실험을 하고 있으며, 그곳에서는 스마트폰을 활용한 정보 서비스도 하고 있다. 도요타는 그룹 내에 주택 회사인 도요타홈Toyota Housing Corporation이 있을 뿐만 아니라 도요타 본사와 표리일체라고 할 수 있는 도요타 시와 긴밀한 협력이 가능하므로 유리한 상황이다. 다른 자동차 제조회사는 도요타와 비슷한 규모로 스마트 그리드에 참여하기가 어렵다.

그런 가운데 혼다도 사이타마 현에서 재생 가능 에너지와 전기자동차 등을 연계시킨 스마트홈의 실증실험을 진행해왔다. 그러나 혼다의 독자적인 기술로 개발하던 태양광 패널 사업 '솔텍Soltec'은 2014년 봄에 해체되었다. "시장의 경쟁 환경이 좋지 않아 사업의 지속이 어려워졌다. 앞으로는 다른 회사에서 기존 제품을 구입해 스마트홈의 실증실험을 계속할 계획"(혼다기술연구소의 간부)이라고 한다.

이처럼 자동차의 대체 산업 육성에는 과제가 많으며, 기존의 자동차 산업의 경제 규모에 이르기까지 상당한 시일이 필요하다. 그러므로 이런 현실을 감안하고 '신규 참가 및 타 산업과의 연계'에 대한 로드맵을 책정해야 한다.

애플과 구글이 자동차 산업을 지배하는 날

먼저 현재 상황을 파악하고, 여기에 '기존 산업구조의 쇠퇴'와 '신규 참가 및 타 산업과의 연계'라는 두 가지 로드맵을 조합할 때 일본의 자동차 산업이 나아가야 할 길이 보이기 시작할 것이다.

인기가 없어진 자동차 산업

젊은이들의 자동차 이탈은 자동차 구입에만 국한되지 않는다. 언론에서 매년 크게 보도하는 다이아몬드_{DIAMOND, Inc.}의 취업 인기 기업 순위 상위 150사 2013년판에서 자동차 제조회사의 순위를 살펴보면 문과 남성의 경우 도요타가 71위, 혼다가 113위, 이과 남성의 경우는 도요타가 27위, 혼다가 33위에 머물렀다. 젊은이들은 일반적으로 성숙기라고 보는 자동차 산업에서 매력을 느끼지 못하는 것이다. 그럼에도 자동차 제조회사에 취직하는 이유는 '당장은 망할 일이 없을 테니까'라는 안전 지향이 많은 것으로 생각된다.

또 필자는 기회가 있을 때마다 국립·사립 대학의 이공계 학부 학생들과 대화를 나누고 있는데, 최근 들어 자동차 제조회사에 취직하기를 원하는 학생들에게서 "제어 쪽 일을 하고 싶습니다"라는 말을 많이 듣는다. 여기에서 말하는 제어는 엔진과 서스펜션 등의 ECU는 물론이고 자동운전 등의 차량 주행 전반을 아우르는 영역을 가리킨다. 그러나 스마트폰과 차량 탑재 기기의 연계 등 차세대 텔레매틱스 분야에서 자동차에 흥미를 보이는 학생은 거의 없다. 대학의 수업에 서는 차세대 텔레매틱스가 자동차 산업 전체에 끼칠 영향력의 크기 에 대해 가르쳐주지 않기 때문이다. 또는 학생이 개인적으로 이 영역 에 흥미가 있더라도 자동차 제조회사가 아니라 IT 기업이나 통신 인 프라 기업에서 그것을 실현하려고 생각한다.

또 최근의 학생은 지방 근무를 싫어하는 경향이 있다. 자동차 산 업에서 설계 개발에 종사할 경우 그 중심지는 도요타와 그 관련 기업 이 모여 있는 아이치 현 동부의 히가시미카와 지역이다. 닛산은 가나 가와 현 아쓰기와 옷파마, 혼다는 사이타마 현 와코와 도치기 현 우 쓰노미야 교외, 스즈키는 하마마쓰, 마쓰다는 히로시마, 미쓰비시는 도요타와 마찬가지로 히가시미카와, 스바루는 군마 현 오타, 다이하 쓰는 오사카 부 이타미 등이다. 이런 지역은 '마을사회村社會'를 형성하 고 있어서 그 지역에 틀어박히게 되는 경향이 있다.

필자는 신차 발표회나 시승회 등의 자리에서 각 기업의 기술자들 과 의견을 교환하는데, 그중에서 자동차 기술자들의 약점이라고 느 끼는 것은 해외 정보에 대한 인식 부족이다. 개중에는 구미와 아시아 의 생산 거점이나 기술 개발 거점에 주재한 경험이 있는 사람도 있지 만, 그들의 해외시장에 대한 인식은 자신이 주재했던 시절에 머물러 있을 때가 많다. 그래서 세계의 자동차 산업계에서 급성장하고 있는 차세대 텔레매틱스에 관해 이야기를 나눠보면 대부분 기술자가 사안의 중요성을 파악하지 못하고 있음을 알 수 있다. 물론 각 기업에는 차세대 텔레매틱스를 전문적으로 연구개발하는 부문이 있지만, 그 규모가 100명 이상인 곳은 도요타뿐이며 다른 회사는 극소수의 인원으로 대응하고 있을 뿐이다.

이와 같은 일본 국내 자동차 산업의 환경에서는 차세대 텔레매틱스 분야에서 새로운 발상이 탄생하기 어렵다. 학생도 이 분야에 흥미를 느끼지 않기 때문에 결과적으로 우수한 인재가 성장하지 못하고 있다.

이대로는 끓는 물 속의 개구리가 될 뿐, 일본 기업의 위기감

차세대 텔레매틱스 분야의 인재 부족과 아이디어 부족은 자동차 산업계에 국한된 문제가 아니다. 차세대 텔레매틱스의 중핵이 되어야 할 전기·전자·IT·통신 인프라 분야에서도 일본의 상황은 심각하다.

MCPC(모바일 컴퓨팅 추진 컨소시엄)이라는 비영리 업계 단체가 1997년 5월에 탄생했다. 설립 취지는 '모바일 컴퓨팅의 본격적인 발전을 위해 이동 통신 사업자와 컴퓨터 & 통신 하드웨어 제조회사, 시스템 인테그레이터가 연계해 기술(표준화), 보급 촉진, 인재 육성을 강력하게 추진한다'이다. 참가 기업은 2014년 1월 현재 160사이며, 간사 기업은 NTT도코모와 KDDI, 소프트뱅크 모바일SOFTBANK MOBILE Corp., 후지쓰Fujitsu Limited, NEC, 샤프Sharp Corporation, 히타치 제작소Hitachi, Ltd., 도시바TOSHIBA CORPORATION, 일본 마이크로소프트, 인텔, 이토추 테크노 솔루션ITOCHU Techno-Solutions Corporation, 윌콤WILLCOM, Inc.의 12사다. 또 MCPC 내에 블루투스와 모바일 보안 등의 위원회가 구성되어 있다.

그리고 2011년 7월에 모바일 클라우드 위원회가 발족했다. 여기에는 자동차용 카 내비게이션 등의 차량 탑재 기기를 개발하는 일본의 주요 전기기기 제조회사가 참여하고 있는데, 대부분이 클라우드와 모바일의 연계가 매우 강한 차세대 텔레매틱스에 대해 '이대로는 일본 기업의 입지가 위험하다'는 강한 위기감을 품고 있다. 필자는 2013년 12월에 도쿄에서 열린 이 위원회의 제2회 아이디어톤(아이디어와 마라톤의 합성어—옮긴이)을 취재했다. 이 자리에서 위원회 측은 '클라우드의 현재 상황은 끓는 물 속의 개구리'라고 개최 이유를 설명했다. 처음에는 따뜻한 물속에 있지만, 서서히 가열되어 깨닫기 전에 죽고 말 것이라는 말이다. 또 이런 상황을 애플과 구글, 아마존 등이 '울타리로 둘러싼 정원'이라고도 표현했다. '울타리로 둘러싼 정원'에서는 구글 등의 문지기가 이익 대부분을 빼앗아 가기 때문에 네트워크나 주변 장치, 애플리케이션, 서비스 등에 투자해도 자금 회수와 수익 획득이 어렵다고 분석했다.

이번 해커톤에서는 이와 같은 가혹한 상황 속에서 일본의 활로를

애플과 구글이 자동차 산업을 지배하는 날

모색하는 토론이 활발하게 진행되었지만, 아직 실험적인 단계로 보였다. 편안한 분위기는 좋지만, 비즈니스를 전제로 한 진지함은 아직 부족하다는 인상이었다. 실리콘밸리에서는 벤처기업이 투자가와 각 산업계의 관계자들 앞에서 프레젠테이션을 주최하는 '스타트업 액셀러레이터'라는 사업 형태가 있다. 그 현장에서는 기술 계열의 대학원생이나 창업 1~3년 정도의 벤처기업 경영자가 기술적인 뒷받침과 상세한 마케팅 조사를 근거로 "이 비즈니스는 저밖에 할 수 없는 완전히 새로운 발상입니다"라고 주장한다.

일본에서도 이와 비슷한 이벤트는 개최되고 있지만, 차세대 텔레매틱스나 자동차 관련 사업에 특화된 것은 없다. MCPC의 아이디어톤이 앞으로 투자가들이 모여드는 즉효성 있는 아이디어 창조의 장으로 성장하기를 기대한다.

진정한 일본판 실리콘밸리를 만들어라

구글 본사가 위치한 곳은 마운틴뷰, 야후 본사는 서니베일, 인텔 본사는 산타클라라, 애플 본사는 쿠퍼티노. 이 도시들이 모여 있는 샌프란시스코 만 남부 지역을 사람들은 실리콘밸리라고 부른다. 필자는 이 실리콘밸리에서 취재할 때가 잦은데, 현지에서 종종 드는 생각이 있다. '왜 일본에서는 실리콘밸리처럼 두뇌와 투자가 융합해 속도감 있고 즐겁게 비즈니스를 할 수 있는 곳이 없는 것일까?'라는 것이다.

물론 필자는 일본판 실리콘밸리를 만드는 것이 일본이 나아가야 할 올바른 길이라고 생각하는 실리콘밸리 숭배자는 아니다. 그러나 차세대 텔레매틱스로 대표되는 새로운 비즈니스 영역을 일본에서 개척하려면 연구개발에 관여하는 사람들이 모일 곳이 필요하다. 그래서 성공 사례인 실리콘밸리를 참고하는 것이 효과적인 방법이라고 생각하기에 알기 쉬운 표현으로 '일본판 실리콘밸리'라는 명칭을 사용하고자 한다.

2014년 1월 현재 '일본판 실리콘밸리'에 부합하는 곳은 존재하지 않는다. 정부 계열의 연구기관을 보면 수도권에서는 도쿄 도 미타카 시 주변이 제2차 세계대전 전부터 연구 학원 도시였으며, 전쟁이 끝난 뒤 고도 성장기에 걸쳐 그 일부가 이바라키 현 쓰쿠바 학원 도시로 이관했다. 또 도쿄대학 캠퍼스와 경찰청 과학경찰연구소 등이 있는 지바 현 와시와 시 와시와노하, DNA 연구소가 있는 지바 현 가즈사 아카데미아 파크, 통신 관련 연구소가 있는 가나가와 현 요코스카 리서치 파크 등이 있지만, 산·학·관이 힘을 모아 세계에 발신할 일본형 비즈니스 모델의 기초를 구체적으로 제안했다고는 말하기 어렵다.

이와 같은 정부의 연구기관과는 별도로 와세다대학과 게이오대학 등 사립대학이 기반이 된 비즈니스 파크가 있다. 필자는 이들 대학이 주최하는 심포지엄이나 연구발표회 등도 정기적으로 취재하고 있는데, 그곳에서는 실리콘밸리와 같이 투자가들이 날카로운 눈빛으로 지켜보는 가운데 느껴지는 '약육강식'의 긴장감이 없다. 그러다 보니 그 반동으로 탄생하는 세계를 향한 강력한 발신력도 느껴지지 않는다.

그 밖에 전국 각지에 '실리콘밸리화 ×××' 같은 부류의 산·학·관 협력 시설이 있지만, 분명히 말하건대 하나같이 어중간하며 우수한 인재가 모이지 않아 결과적으로 성과를 기대할 수 없다. 당사자들도 이런 사실을 충분히 인식하고 있지만, 상황을 바꾸고 한발 앞으로 나아가기 위해 구체적으로 무엇을 해야 할지 그 해답을 찾지 못하고 있다. 왜 그럴까?

그 이유는 그곳에 기술 계열의 '헤리티지Heritage'가 없어서가 아닐까? 헤리티지란 선인들이 쌓아 올린 실적이다. 선인들의 발상으로 탄생한 건물이나 제품이 이미 사라져버렸다고 해도 그곳의 분위기 속에는 '선인들이 지향했던 신념'이 끊임없이 흐르기 마련이다. 요컨대 '진짜'라는 것이다. 최첨단 기기나 선진적 디자인의 건물은 어차피 현재 유행하는 패션으로 장식한 것에 불과하다. 그런 곳에는 '진짜'가 모여들지 않는다.

선진 산업의 거리 '도큐 후타코타마가와'의 가능성

필자가 전국 각지에서 이런 기술계 '헤리티지'를 강하게 느끼는 장소가 몇 곳 있다. 가령 고도古都 교토, 관영 야하타 제철소가 있었던 기타큐슈 시, 해군용 선박 제조로 번성했던 히로시마 현 구레 시, 고도 성장기를 뒷받침해온 가나가와 현 가와사키 시에서 도쿄 도 오타 구·세타가야 구 주변의 다마가와 강변이다.

이 가운데 필자가 일본판 실리콘밸리에 가장 적합하다고 생각하는 곳은 다마가와 강변 지역이다. 이곳에는 지금도 일본의 전기·전자 관련 대기업이 모여 있다. 가와사키 역 주변에는 도시바, JR 난부선·요코스카선과 도큐 도요코선이 교차하는 무사시코스기 주변에는 NEC와 파이오니아, 난부선·무사시나카하라 역 주변에는 후지쓰, 도큐 다마가와선 시모마루코 역 주변에는 캐논의 연구개발 거점이 있다. 그래서 다마가와 강 주변에는 기계 가공이나 전자 부품 제조 분야의 중소기업이 많다. 참고로 도큐 무사시코스기 역의 옛 이름은 공업도시 역이었다.

이공학 계열 교육기관과의 위치 관계도 일본판 실리콘밸리에는 중요한 요소다. 본고장 실리콘밸리에서는 스탠퍼드대학과 캘리포니아대학 버클리스쿨이 인재 육성과 기초연구 분야에서 기업과 제휴를

애플과 구글이 자동차 산업을 지배하는 날

맺어 실리콘밸리 발전의 원동력이 되고 있다. 한편 다마가와 강 주변에는 도쿄공업대학과 게이오대학, 도쿄도시대학(구 무사시공업대학) 등 '일본판 실리콘밸리'에 없어서는 안 될 이공계 학부를 보유한 교육기관이 있다.

그리고 좋은 인재가 모여들려면 '장소의 이미지'가 중요하다. 고도성장기에는 게이힌 공업지대가 위치해 '공해도시'라는 이미지가 강했던 가와사키이지만, JR 가와사키 역 주변의 재개발로 이미지를 일신했다. 역과 연결되어 있는 뮤자 가와사키에는 전기자동차와 연료전지, 스마트 그리드 등의 선행 연구를 실시하는 경제산업성 산하의 독립 행정법인 신에너지·산업기술종합개발기구NEDO의 본부가 있다. 다만 그렇다고는 해도 본고장 실리콘밸리의 중심 지역인 스탠퍼드대학 주변의 팔로알토처럼 부유층이 모여 사는 세련된 거리라는 요소는 아직 찾아볼 수 없다.

이런 관점에서 다마가와 강변을 둘러보면 딱 적당한 곳이 보인다. 바로 도큐 후타코타마가와 역이다. 세타가야와 도큐 전원도시선에 위치한 부유층에게 인기가 높은 쇼핑 지역이다. 2011년 3월에 도큐 전철은 유원지였던 후타코타마가와엔 주변을 재개발한 복합형 상업시설 '라이즈'를 이곳에 완성시켰다. 이것은 '아오바다이 도큐 스퀘어' '타마 플라자 테라스' '시부야 히카리에' 등 전원도시선이 지나가는 지역 전체에 걸친 재개발의 일환이다.

그리고 주목되는 것이 라쿠텐Rakuten, Inc.의 움직임이다. 라쿠텐은

2015년 중순에 시나가와에서 후타코타마가와의 '라이즈'로 이전할 예정이며, 이를 계기로 도큐 전철은 후타코타마가와를 '선진 산업의 거리'로 재구축할 계획이다. 그리고 이와 같은 흐름 속에서 산·학·관이 새로운 거리 조성에 관해 협의하기 위한 '크리에이티브 시티 컨소시엄'이 발족했다.

앞으로 후타코타카가와가 다마가와 강변의 헤리티지를 효과적으로 활용해 'IT의 거리'라는 이미지를 쌓아나가기를 기대한다.

도쿄 올림픽에서 자동운전을 시연

2020년에 도쿄 올림픽이 열린다. 국토교통성이 그리는 자동운전 보급 로드맵에 따르면 바로 이 무렵에 고속도로 본선에서 차선 변경을 포함한 자동운전이 실현되어 있을 것이다. 그렇게 되면 당연히 정부와 도쿄 도에서는 오다이바의 각 경기 시설 주변에서 선수 이동용 자동운전 자동차를 운용한다는 계획을 세울 것이다. 또 올림픽을 목표로 건설될 예정인 옛 선박과학관 자리의 호화 여객선용 부두와 대형 카지노 등 오다이바의 신명소가 늘어나면 기존의 철도선인 '유리카모메'나 '린카이선'과 함께 도시 버스 노선의 전기버스화와 자동운전화가 검토될 것이다.

애플과 구글이 자동차 산업을 지배하는 날

이 오다이바라는 '닫힌 루프', 그것도 올림픽 개최일이라는 개발 목표 시기가 확정된 경우에는 행정부로서도 특구를 지정하기가 쉽다. 언론으로서도 접근이 쉬운 도심지이므로 가령 '세계를 향한 일본의 최신 기술'이라는 제목으로 다큐멘터리용 장기 취재나 단기 집중 취재를 하기가 수월하다.

그러나 달리 말하면 올림픽까지의 오다이바는 '기간 한정 모형 정원'이다. 그곳에서 달리는 자동운전 이동체는 마치 청소 로봇처럼 움직인다. 자율주행임에는 분명하지만 '닫힌 루프' 속에서의 갑갑한 주행으로 비칠 것이다.

국토교통성의 자동운전 보급에 관한 로드맵을 보면 2020년 시점에서의 공공 실증실험에 대해서는 전혀 언급이 없다. 그러나 2013년 5월 16일에 실시된 내각부 규제개혁회의 '제6회 창업 등 워킹 그룹'의 의사록에 명시되어 있듯이 도요타를 비롯한 일본 자동차 제조회사들의 본심은 '특구 지정 따위가 아니라 일반 시민의 생활 속에서 자율주행 실험을 하고 싶다'는 것이다. 그래서 도쿄 올림픽에서의 자동운전 시연회를 포함한 차세대 텔레매틱스의 바람직한 모습은 최소한 도쿄 도 23구 전 지역을 특구로 지정하는 것이다. 그러면 경찰 등은 당연히 "안전을 어떻게 보장할 것인가?"라며 제동을 걸 것이다. 그러나 그런 구시대의 일반 상식 속에서 논의를 진행해서는 일본의 기술 혁신이 진행되지 않는다. 1964년 도쿄 올림픽 때 수도 고속도로를 단기간에 완성해 세계를 놀라게 한 선인들처럼 2020년에는 세계를 깜짝 놀라게 할 '차세대 텔레매틱스의 쇼케이스 도쿄'를 세계에 발신해야 한다.

자동차 신시대의 '모빌리티 필로소피'

이념을 가져라! 신념을 가져라! 현실을 보고 꿈을 말하라!

2000년대 후반부터 2010년대에 걸쳐 스마트폰과 클라우드의 급격한 발달은 자동차 산업에 강렬한 충격을 줬다. 긍정적인 측면에서는 성숙기에 접어들고 있던 자동차라는 상품에 새로운 비즈니스의 가능성이 단숨에 확대되었다. 한편 부정적인 측면에서는 자동차에 관한 기존의 많은 사업이 성립하지 않게 될 위험성이 높아졌다. 그리고 종합적으로 보면 차세대 텔레매틱스는 지금까지의 자동차라는 존재를 모빌리티(이동체)라는 커다란 틀로 끌어올릴 것이라고 할 수 있다. 그 결과 자동차 제조회사와 소비자 모두 모빌리티를 어떻게 상대할지 진지하게 생각해야 하는 시기에 돌입했다.

그런 가운데 모두가 가장 중요시해야 할 것은 모빌리티의 실수요다. 실수요는 개인의 생활용, 공공기관용, 군수·방위용, 취미나 완구용 등 다양하다. 실수요가 있으면 모빌리티는 형태를 가리지 않는다. 앞으로는 모빌리티의 제작자와 이용자 모두가 각자 모빌리티에 대한

애플과 구글이 자동차 산업을 지배하는 날

이념을 가져야 하는 시대가 될 것이다.

이것을 필자는 '모빌리티 필로소피'라고 부르고 싶다.

모빌리티는 지금 크게 변화하려 하고 있다. 시대는 지금 크게 변화하기 시작했다.

폭풍 전야의
일본 자동차 산업

필자는 세계 각지에서 자동차 관련 모터쇼, 차세대 자동차나 텔레매틱스에 관한 콘퍼런스와 학회를 꾸준히 취재하고 있다. 또 자동차 제조회사와 자동차 부품 제조회사의 경영진이나 설계·개발 책임자와 인터뷰할 기회도 많다. 강연이나 의견 교환회를 통해 자동차 딜러 관련 단체, 자동차 수리 관련 단체, 자동차 부품 도매·판매 관련 단체 등의 관계자와 만날 기회도 많다. 교통 인프라나 산업 진흥의 관점에서 세계 각지의 정부 기관이나 지방자치단체도 자주 취재한다. 그리고 기밀 유지를 조건으로 미국과 유럽, 일본의 자동차 관련 기업, 상사, 금융기관, 정치 관련 조직과 의견 교환을 할 때도 있다.

그런 가운데 느낀 점은 '누구도 자동차 산업 전체의 실태를 파악하지 못하고 있다(혹은 파악하지 못한 듯이 보인다)'는 것이다. 특히 자동차 산업은 지금 130년에 걸친 역사에서 가장 커다란 변혁기에 돌입하고 있지만, 일본인 관계자들의 움직임은 굼뜨기 짝이 없다.

그 이유는 몇 가지가 있는데, 크게 세 가지로 나눌 수 있다.

첫 번째 이유는 시장의 변화 범위가 넓고 빠르게 일어나며 서로 교차하기 때문에 변화의 전체상을 이해하기가 어렵다는 점이다.

앞에서도 이야기했듯이 세계의 자동차 산업에는 지금 거대한 조류가 셋 있다. 우선, 패러다임 시프트다. 선진국에서 신흥국과 경제후진국으로 시장이 전환되고 있다. 그런 변화 속에서 자동차 제조회사는 신흥국과 경제후진국에서는 저가 자동차로 세일즈 볼륨을 키우고 선진국에서는 SUV나 하이브리드 자동차 같은 고부가가치 자동차의 판매에 힘을 쏟고 있다. 다음으로, 동력원의 전동화다. 그리고 마지막으로는 차세대 텔레매틱스다. 특히 차세대 텔레매틱스는 선진국과 신흥국 사이에서 거의 시간 차이 없이 발달하기 때문에 패러다임 시프트의 틀을 뛰어넘는다. 그리고 전기자동차나 자동운전 등의 IT 장치를 다수 탑재하고 있는 차세대 자동차(동력원의 전동화)와 차세대 텔레매틱스는 기술적인 측면에서 친화성이 높다. 이들 세 조류가 세계 각지에서 마구 뒤섞여 흐르고 있다. 이런 상황을 기업의 담당자나 소비자가 파악하기는 매우 어렵다.

두 번째 이유는 장기간에 걸친 평화로 긴장이 풀린 것이다.

자동차 산업은 안정적으로 성장해왔다. 석유 파동이나 버블 붕괴로 제조·판매가 잠시 침체에 빠진 적은 있었지만 일본 국내에서 자동차 관련 기업이 연쇄 도산하는 사태는 일어난 적이 없다. 최근 늘어 자동차 산업계가 가장 큰 타격을 입었던 시기는 미국의 서브프라

임 불황과 리먼 쇼크 때다. 이때 나고야 시를 중심으로 한 주쿄권 지역의 티어2, 티어3라고 불리는 2차, 3차 자동차 부품 제조회사들은 공장에 재고가 산더미처럼 쌓여 자금난에 빠졌다. 그래서 금융기관에 융자를 고려하는 부품 제조회사가 늘어났는데, 그들은 과거에 한 번도 융자를 받아본 적이 없었다. 이 때문에 자동차 부품 공업회 주부中部 지부에서 주부 경제산업국에 의뢰해 '융자 절차에 관한 강습회'를 개최했을 정도다. 일거리는 자동차 제조회사에서 알아서 주는 것이라는 혜택받은 기업 풍토였던 것이다. 그 후 동일본 대지진과 태국의 대홍수에 따른 서플라이 체인(부품 공급망)의 단절, 그리고 엔화 강세 등 일본의 자동차 산업계에 역풍이 계속 불어왔다. 그러나 현 자민당 정권 아래서는 엔화 약세 기조가 된 덕분에 일본 자동차 제조회사의 경상이익이 증가했고, 그 결과 자동차 산업계는 또다시 긴장을 풀기 시작했다.

그리고 세 번째 이유는 시장의 변화를 이해하고 그것을 적절히 이용하려는 사람들이 있다는 점이다.

제조 거점의 축소와 폐쇄, 본사 기능의 해외 이전 등 일본 자동차 제조회사의 경영진은 세계 시장에서 살아남기 위해 다양한 가능성을 모색하고 있다. 1달러 80엔 전후까지 엔화 강세가 진행되었을 때는 일본 자동차 제조회사의 경영자들이 공적인 자리에서 "이 상황이 계속되면 일본 국내 생산은 어려워진다"라고 말하기도 했다. 2014년 1월 현재는 1달러 100엔대가 됨에 따라 일본 국내 생산 거점의 축소나 폐쇄 위기가 사라진 듯이 보인다. 그러나 경영자들은 중장기 경영 전략을 세워 환차익이나 환차손에 경영이 크게 좌우되는 기업 체질에서 벗어나려 하고 있다. 그런 가운데 차세대 텔레매틱스로 대표되는 자동차 산업의 커다란 변화에 대해서도 깊이 생각하고 있으며, 그런 '외압을 적절히 이용해 사업체의 규모를 과감하게 정리하는' 선택을 할 수도 있었다. 그렇게 되면 IT 기업이나 통신 인프라 기업과의 제휴, 나아가서는 합병이나 대규모 매수도 고려될 것이다. 어쩌면 지금의 상황은 '폭풍 전야의 고요함'인지도 모른다.

이상과 같은 상황 속에서 자동차 관련 기업의 사원급이 업계의 현재 상황을 파악하기는 어려운 일이다. 그러므로 사내에 새로운 커뮤니케이션 시스템을 구축해야 한다. 소속 부서와 관계없이 모든 사원이 현재 상황을 파악하는 데 필요한 정보를 공유해야 한다. 이것은 사내 세미나나 강습회, 의견 교환회의 형태로 실시하면 된다. 또 부품 납품 회사와의 교류회에서 의견을 교환하고, 자동차공업회나 자동차기술회의 관련 이벤트에 참석해 업계의 현재 상황에 대한 인식을 깊게 해야 한다. 그 속에서 업계의 미래에 대해 깊이 논의해야 하며, 그런 논의를 타 기업에 종사하는 사람들, 주부, 학생 등 국민 전체가 알 수 있도록 오픈소스화해야 한다.

지금 일어나는 자동차 산업의 변화는 일본 자체의 변화이며 나아가서는 국민 한 사람 한 사람의 일상생활이나 장래와 직결된다는 인식을 갖추는 것이 중요하다고 생각한다.

사진 출처

p031.   http://www.motorauthority.com

p035.   http://commons.wikimedia.org/wiki/File:Jurvetson_Google_driverless_car.jpg

p039.   http://motorreview.com/wp-content/uploads/2014/01/Ford-CES-3-of-3.jpg

p099.   http://www.automobilesreview.com/gallery/2013-tokyo-motor-show-nissan-idx-nismo/2013-tokyo-motor-show-nissan-idx-nismo-concept-01.jpg

p123.   http://electriccarsreport.com/wp-content/uploads/2014/01/OnStar-4G-LTE.jpg

p137.   http://ecomento.com/wp-content/uploads/2014/04/bmw-i8-i3-production-740x425.jpg

p142.   http://images.thecarconnection.com/lrg/2012-fisker-karma_100373129_l.jpg

p145.   www.teslamotors.com

p150.   http://www.thedetroitbureau.com/wp-content/uploads/2010/06/Elon-Musk-and-Tesla-Model-S-Prototype1.jpg

p159.   http://www.drive.com.au/photogallery/toyota-auto-body-coms-concept-cars-20111202-1ob0v.html

p161.   http://smbikecenter.com/wp-content/uploads/smbc-segways.png

p189.   http://ichef.bbci.co.uk/wwtravel/608_342/images/live/p0/1y/bs/p01ybskd.jpg

p193.   http://electriccarsreport.com/wp-content/uploads/2010/03/GM-EN-V_2.jpg

p201.   http://www.terrafugia.com

애플과 구글이
자동차 산업을
지배하는 날

1판 1쇄 발행 | 2014년 11월 10일
1판 2쇄 발행 | 2015년 1월 28일

지은이 모모타 겐지
옮긴이 김정환
감　수 한국자동차산업연구소 미래연구실

프로젝트 디렉터 기획1팀 모민원, 권오준
영업 박진모
경영지원 고광현, 이봉주, 김형식, 임민진
디자인 투에스, 네오북
인쇄 서정문화인쇄 **제본** 서정바인텍

펴낸곳 한스미디어(한즈미디어(주))
주소 121-839 서울시 마포구 서교동 392-34 강원빌딩 5층
전화 02-707-0337 | **팩스** 02-707-0198 | **홈페이지** www.hansmedia.com
출판신고번호 제 313-2003-227호 | **신고일자** 2003년 6월 25일

ISBN 978-89-5975-765-7 03320

책값은 뒤표지에 있습니다.
잘못 만들어진 책은 구입하신 서점에서 교환해 드립니다.